Tokaido
Nakasendo
Travel and life

東海道・中山道

旅と暮らし

新田時也 編著
志田威 著
中澤麻衣

宿場一覧 東海道・中山道

一般的に、東海道の宿場は53、中山道の宿場は69といわれている。しかし、東海道には大津宿の西に、大坂へ向かう分岐点があった。伏見~守口を経て、高麗橋に到る「東海道57次」については、本書内で詳しく解説している。また、幕府が指定した中山道の宿駅は、板橋から守山までの「67次」であり、草津・大津は東海道に含まれる。

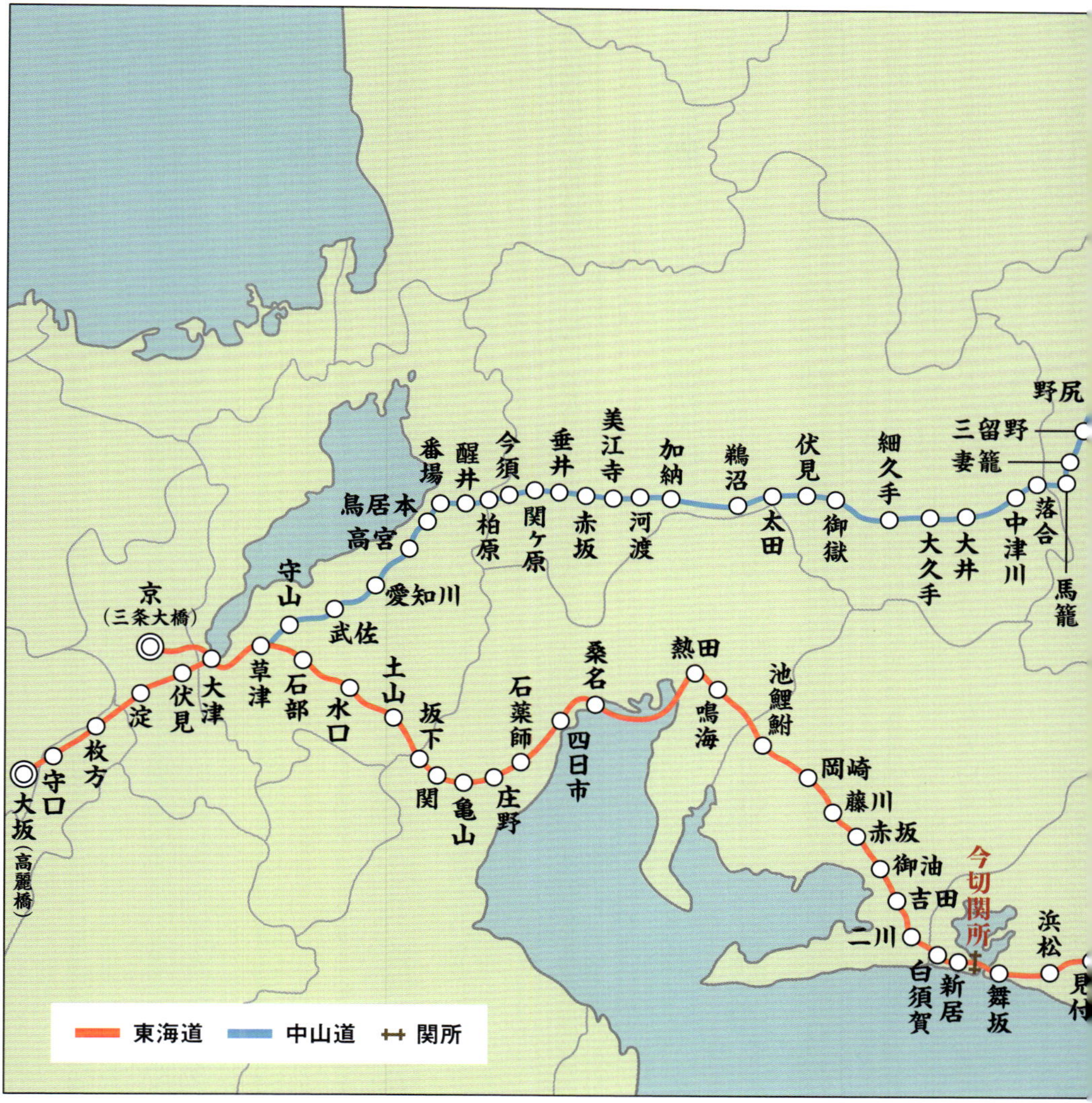

※幕府の天保14年調査記録（東海道宿村大概帳及び中山道宿村大概帳）より作成

はじめに

本書は江戸期の中心街道である東海道・中山道の「旅と暮らし」に着目し、長きにわたり受け継がれてきた街道文化の実態を多くの人々に理解していただこうと執筆された歴史解説書です。

東海道・中山道は、徳川家康が制定した街道政策により、東西の政治・経済・文化をつなぐ日本の大動脈として整えられました。この両街道の旅の様子や、沿線の生活ぶりを把握することは、江戸時代のみならず、維新後の日本を学ぶ上でも大変有意義なものとなります。

そんな両街道について、本書では専門を異にする3人が独自の分野から考察を行っています。

第1部では、街道についての基本事項を解説するとともに、街道住民の生活について紹介しました。特に住居構造について深く掘り下げています。

第2部は、浮世絵や文学作品から、当時の人々の旅の様子を読み解きます。特に街道筋の食文化について、さまざまな事例を取り上げました。

最後は、広重の絵画から当時の人々の服装に注目するコラムを収録しました。全体を読み通していただければ、街道生活の「衣食住」を一通り把握できるようになっています。

浮世絵は主に、歌川広重を重点的に取り上げて解説しています。これは、当時の浮世絵師の中で、街道風景や生活状況を描かせたら、広重の右に出るものはなかったという判断に基づくものです。この判断は「木曽海道六拾九次」の制作者が当初の渓斉英泉から歌川広重に交代した事実からも明白であると考えます。

筆者は、日ごろ、大学の授業で「人文科学」を受け持っています。「絵画と文学からみる生活の変容」をテーマにした講義では、江戸期の文学や浮世絵を教材として活用していますが、これが学生からは「当時のリアルな雰囲気が分かって面白い」と好評を得ています。

読者の皆様にも、本書を通じて江戸時代に生きた人々と同じ空気を体感していただければ幸いです。当時をたくましく生きた人々の歴史をご理解いただき、各々の歴史観に新たな発見をもたらすことを期待しています。

新田　時也

令和元年　六月

【目　次】

第2部 浮世絵と文学から見る街道文化

第1部

東海道・中山道の「旅と生活」

志田　威

前書き

徳川家康は慶長５（１６００）年に関ケ原で勝利すると、翌６年には江戸から京へ新たな東海道と40程の宿駅（宿場）を定め、常備する人馬（人足と伝馬）に次の宿駅まで案内させた。後に東海道宿駅伝馬制と呼ばれるもので、部下の役人衆が宿駅人馬を無賃で利用し、たとえ予約のない初めての道中でも、荷運びを含め安心して委ねられる画期的施策である。

天下分け目の戦いを制し、家康が正に全国制覇に向け動き出す段階に至り、最初に定めた重要施策で、その意図したところは部下役人の旅支援であり情報伝達強化であった。

また役人が利用しない人馬は、大名や町人達を有料で継立《つぎた》て宿駅財源にさせたことから、一部の例外を除き幕府・宿駅双方にとって有益であり、宿駅指定を希望する村も多かった。

慶長７（１６０２）年には中山道に、その後も主要道に順次導入し、広く充実した管理体制とした。主な街道に平均２里毎に宿駅を設け、これら指定された宿駅は義務として継立方式により旅支援と公文書輸送を担い続ける制度で、幕府体制維持にとって特に重要な施策といえる。

江戸時代全体を振り返ると、この街道・宿駅管理制度が幕府安定の基礎であったことは明白であり、徳川長期政権と街道・宿駅を理解する上で絶対に避けて通れない分野である。

一方、江戸期の生活面を考えると多くの町民は日々農作業に追われながらも様々な工夫と努力を重ね、さらに新田開発も手掛けて徐々に生産性を高めた。その結果、人口は増加し、浮世絵・浄瑠璃・歌舞伎など文化面も町民層に浸透し、戦国時代とは比較にならないほど平穏で経済的・文化的にも誇れる豊かな社会に変貌し、その速度は驚異的であった。

このような飛躍をもたらした幕府施策と町民の対応は注目すべきで、学び甲斐のある分野といわれ、その状況を把握することは誠に有意義である。

基本的に鎖国でありながらも、その間に向上した経済力・生活水準・文化内容は明治維新後の国際社会においても比較的高水準にあったことは周知の事実で、近代国家の基礎造りに貢献した江戸時代の街道管理や旅・生活は歴史的にも注目されている。

永きにわたる奈良・京・大坂を中心とする社会に新たに江戸が加わり、京・大坂・江戸の3都時代となった。この3大都市を結ぶ東海道・中山道の果たした役割は非常に大きい。従って両街道の管理、生活、文化等を学ぶことが非常に重要である。

そこで第1部では東海道・中山道の旅と町民生活、特に住生活並びに建物関係を中心に解説することとし、第1章の「幕府の街道施策と旅人支援」を振り出しに、第2章で「遺構が伝える『宿場生活と街道の旅』」を、第3章で「困難な旅路を克服した知恵と努力」を紹介する。最後の第4章では東海道、中山道の複数の宿駅が記憶に刻み、伝えようとしていること、すなわち前者では「家康の心遣い」、後者では「皇女和宮の歴史的決断」を述べる。さらに両街道がさりげなく現代人に伝え、警鐘を鳴らしている「自然の脅威」について付言する。

第1章 幕府の街道施策と旅人支援

① 徳川三代による街道整備

家康が築いた街道施策

家康は関ケ原の戦いで勝利すると、直ちに大久保長安など3人の側近に「新たな東海道と宿駅」を選定させた。翌年1月には各宿駅に対し「伝馬朱印状《てんましゅいんじょう》」と「御伝馬之定《おてんまのさだめ》」を下げ渡し、人足36人と伝馬36疋（頭）が旅人を待ち受ける態勢を整備させた。

役人は朱印状か証文を宿駅に提示すれば人足と伝馬を無賃で利用でき、安心して遠隔地管理に向かえた。正に全国支配に向けた街道管理制度の構築である。予約が困難な時代における、役人出張支援策であり、また公文書類の専用搬送手段でもあった。

具体的には幕府が宿場に朱印状を発行し、同じ駒牽《こまびき》朱印が押印された朱印状持参者には、無賃で次の駅まで人や荷物を運搬した。これを「継立」という。余裕がある場合は、幕府関係者だけでなく、大名や町民たちにも有償で継立を行った。

旅人が増えるに従い、人馬数も次第に増加。天保14（１８４３）年には原則として各駅１００人１００疋を義務付けていた。中山道の基本人馬数は天保14年時点で50人50疋であるが、旅人の少ない木曽地区等は例外として25人25疋だった。

幕府の奉行が宿場ごとに通達した「御伝馬之定」には、宿場に義務付けた伝馬数・継立範囲・伝馬への最大積載重量のほか、伝馬1疋に対する年貢減免の対象面積が記されていた。幕府は宿場が人馬を負担する見返りとして、税（地子《じし》）の減免を行っていたのである。

このような街道管理施策は「宿駅伝馬制」と呼ばれた。明治政府によって廃止されるまでの約２７０年間、永きにわたって施行された歴史的重要政策である。

定

此《この》御朱印那《な》くして
伝馬不可出者也《てんまいだすべからざるものなり》　仍《よって》
如件《くだんのごとし》
慶長六年
正月日
桑名

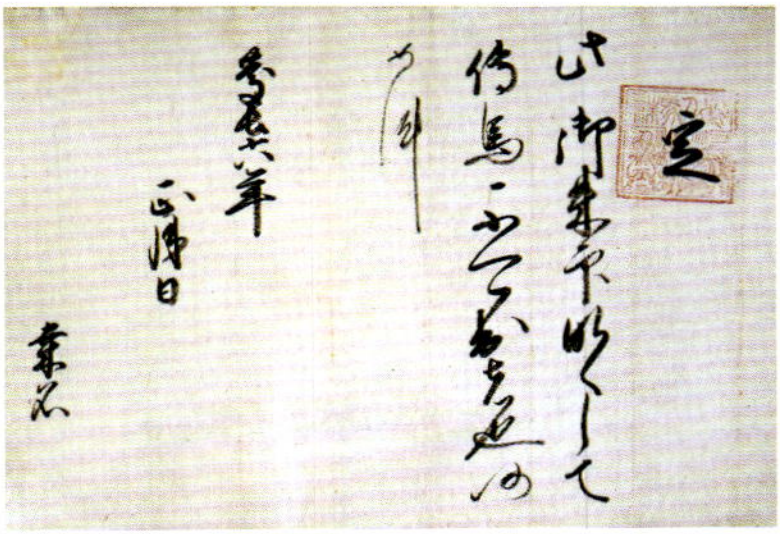

桑名宿に下付された伝馬朱印状。
公務に出る役人は朱印状を提示することで、
宿駅の人馬を無賃で利用できた
［物流博物館蔵］

秀忠による大坂延伸

秀忠は慶長10（１６０５）年に二代将軍となると、家康の意を受け宿駅伝馬制の拡充に努める。慶長20（１６１５）年、大坂夏の陣で豊臣家を滅亡させると直ちに東海道大坂延伸に着手。大津宿の西側、髭茶屋《ひげちゃや》追分《おいわけ》から分岐し大坂に至る街道を整備し、これを東海道として管理した。さらに、この間に伏見、淀、牧方（枚方）、守口の４宿を設置した。

幕府道中奉行所が文化３（１８０６）年に完成させた地図（東海道分間延絵図《ぶんけんのべえず》）には大坂への街道と先述の４宿が詳細に描かれている。東海道大坂延伸は髭茶屋追分からの分岐延長で、これより西は京と大坂に向かう二本の東海道が存在した。東海道大坂延伸（57次）は「西国大名を朝廷に近づかせない」という幕府の強い意志表示でもあった。

家光による53次・57次の完成

三代将軍家光は寛永元（１６２４）年、伊勢に庄野宿を設け、この結果、

- 江戸～京（１２６里６町１間、約４９５㎞）は53回の継立
- 江戸～大坂（１３７里４町１間、約５４０㎞）は57回の継立

となり、浮世絵師歌川広重流に言えば「京までは53次」「大坂までは57次」となった。ただし広重は江戸から京までに焦点を当て、品川宿から大津宿までの53継立を採り上げて「東海道五拾三次」を発表している。

寛永12（１６３５）年に武家諸法度《ぶけしょはっと》を改め（寛永令）、参勤交代を制度化した結果、街道往来は急増した。宿駅は多忙になるとともに経済的には潤い、活気づいた。

街道の宿駅数は時代により変化したために幕府は街道について「○○道△△次」等の表示は用いていない。しかし、広重が「東海道五拾三次」を発表したところ、これが人気を博し版を重ねた。軽く嵩張《かさば》らないため江戸土産として好評となり、全国に流れた結果、「江戸から京までの53次」が注目を浴び、大坂までの東海道は忘れ去られることとなった。

東海道大坂延伸後も江戸・日本橋～京・三条大橋間

江戸幕府が作成した「東海道分間延絵図」［郵政博物館蔵］
東海道は髭茶屋追分（大津宿の西）から京に向かう道と、大坂へ向かう道の二手に分かれた

の伝馬制（53継立）は、大坂までの伝馬制（57継立）とともに継続され、寛永元年以降も両者は併存していた。

広重の「東海道五拾三次」は都である京をクローズアップさせたという意味で評価されるべき画集である。しかし、幕府の管理した京・大坂への二つの東海道のうち、一方だけを描いたものと理解することがより正確である。

② 街道制度の仕組み

道中奉行の誕生

幕府は当初奉行衆を通して街道を管理したが、その重要性を考慮し、万治2（1659）年に道中奉行を置き主要道を直接指導した。初代道中奉行は大目付・高木伊勢守守久が兼帯し、その後も大目付が代々道中奉行職を兼ねた。さらに、元禄11（1698）年からは勘定奉行・松平美濃守重良にも街道管理を担わせ、以後道中奉行職は大目付と勘定奉行が兼任する二人職とした。

なぜ東海道「五拾三次」なのか?

東海道は京までの道と大坂までの道が併存していたが、広重も版元・保永堂も「京人気が絶大である」ことを熟知していた。また広重以外にも京までの東海道に焦点を当て、東海道五十三次という言い方をする例もあったことから、広重は「京までの東海道」を描いた際に、「東海道五拾三次」と名付けた。

広重以前に京都の秋里《あきさと》籬島《りとう》が「江戸への東海道」を「東海道名所図絵」（寛政9〔1797〕年）として出版し好評を博した例もあり、当時は大坂より京重視が常識であった。

業務範囲は五街道始め主要道の宿駅、伝馬、休泊所（旅宿）、飛脚、助郷《すけごう》、並木、一里塚、橋普請《はしぶしん》など多岐にわたった。そのため配下に道中奉行所を置き、街道全般を指導・監督した。従って、幕府の意向を無視して並木道の樹木撤去することは許されず、各宿駅の問《とい》屋《や》は道中奉行所と連絡を密にし宿駅・街道全般を管理した。

東海道・中山道と脇往還

幕府は中心的街道である東海道と中山道を、脇往還《わきおうかん》を含め、直接管理した。

東海道（天保14年時点）

江戸・日本橋～京・三条大橋の53継立（53次）

江戸・日本橋～大坂・高麗橋の57継立（57次）

中山道

江戸・日本橋～東海道・草津宿の67継立（67次）

中山道は東海道の草津宿と大津宿を含めて中山道69次という場合もあるが、幕府記録の宿駅は守山宿までの67次である。

また、中山道は「中仙道」と書いた時代もあったが、新井白石が享保元（1716）年に中山道と書くように指示し、以後幕府は中山道と記載している。

脇往環（脇街道）とは？

主要街道に付属する街道、かつ本街道の代替的なものは「脇往還」と位置づけられ、本道に準じた管理がなされた。東海道脇往還としては、本坂通《ほんさかどおり》（道）、佐屋路《さやじ》、山崎通がある。五街道はいずれも幕府直轄道として道中奉行が管理したが、前記3街道も東海道脇往還として東海道と一体に扱われ、最終的に幕府直轄管理として道中奉行の管理下となった。

なお、東海道と中山道を結ぶ美濃路も両道の脇往還的存在で、幕府が直接管理した。

宿駅の3大業務

① 人馬継立

各宿駅が人足・伝馬を常備し、旅人の要望により人や荷物を次宿まで搬送。予約が極めて困難な時代に先々の旅を保証するような街道施策で、幕府役人や朝廷関係者など公的人物の道中支援が主目的であった。幕府役人の公務旅行は朱印状や証文を持参し、宿駅の問屋場《といやば》へ提示すれば、無賃で人足・伝馬を利用でき、全国管理に重要な役割を果たした。この制度は宿駅毎に継立したので宿継《しゅくつぎ》とも呼ばれたが、時代とともに宿次との簡記が増加している。

人馬継立制が定着すると「宿駅へ辿り着けば飲食・宿泊の心配がない」という道中への安心感が高まり、旅が身近なものとなって宿駅・街道は一層活気づいた。各宿駅において、人馬継立などの街道業務全般の最高責任者は問屋《といや》と呼ばれる宿役人で、街道関係で問題が生じた際には幕府道中奉行と連絡をとり、関連業務を取り仕切った。時には藩主の意向を忖度《そんたく》する名主と意見を異にし、宿内衝突も見られたが、宿駅・街道に関しては名主といえども道中奉行の意を受ける問屋指示を黙認せざるをえなかった。

なお、宿駅業務を担う宿役人としては問屋配下に以下の職種が置かれ、日々の当番者が問屋場に詰め、継《つぎ》飛脚《びきゃく》・人馬継立などの宿継を行った。

宿役人は一般的に以下のような役職に区分された（宿駅・街道により多少の差異がある）。

- 年寄――――問屋の補佐役
- 張付《ちょうづけ》――――記帳担当
- 人足指《にんそくさし》――――人足担当
- 馬指《うまさし》――――馬担当

② 継飛脚

幕府の公文書・公用荷物だけを運ぶ特別専用飛脚で、宿駅伝馬制の最重要業務。増水によって河川が通行禁止となり、参勤交代の大名一行が待機している場合でも、水量が減り、解禁となれば真っ先に継飛脚を川越しさせるほど重要視された。

いずれの宿駅でも健脚な者だけが担当。継飛脚は幕府専用搬送業務であるため、徳川御三家といえども利用することは許されなかった。そのため、紀州徳川家

「東海道五拾三次之内 藤枝 人馬継立」 歌川広重 ［静岡市東海道広重美術館蔵］
問屋場で荷物の引継ぎをする人足たち。当時の人馬継立の様子が生き生きと描かれている

「東海道五十三次之内 庄野 人馬宿継之図」 歌川広重 ［静岡市東海道広重美術館蔵］
人足が荷物を積み替える姿とともに、文書を確認する宿役人の姿が見える

など一部の有力大名は、街道沿線に飛脚小屋と飛脚人足を配備した。これが「大名飛脚」と呼ばれる特定大名家専用飛脚であったが、町民対象の町飛脚が充実するとともに徐々に廃れ、幕末まで維持したのは紀州徳川家など一部の大名家に限られる。

紀州家は東海道沿線にほぼ7里毎に独自の飛脚小屋を置き、国元と江戸間を専用搬送させており、その継立小屋は「お七里役所《しちりやくしょ》」と呼ばれた。

③　休泊施設の提供

宿駅の休泊施設としては、高貴な人が利用する本陣・脇本陣から町民が使う旅籠《はたご》・木賃宿《きちんやど》まで多種存在したが、いずれも旅人の休泊に欠かせないものであった。時代により変動はあるが、天保14（１８４３）年の幕府調査で旅籠数最多は熱田宿（宮宿）の２４８軒、次いで桑名宿の１２０軒であった。各施設の詳細は次の通りである。

＊本陣

大名・勅使・公家、幕府役人など高貴な人向けの施設で、一般人は財力があっても利用できない特別休泊所。

基本的に上段の間・玄関・門構えを備える高級施設で、運営する本陣職には宿内有力者が指定され、問題を起こさなければ世襲で、苗字帯刀も許された。本陣建屋《ほんじんたてや》のうち一部が座敷棟として使用され、この賓客用部分は本陣家住居部とは明確に区分され、「離れ」のような形態が多くみられた。

東海道に現存する本陣建屋は、草津市が管理する草津宿本陣と豊橋市所有の二川宿本陣の２棟に過ぎない。なお、甲賀市にある土山宿本陣には上段の間と庭が現存し、本陣職であった土山家が公開している。

中山道には下諏訪宿岩波本陣（下諏訪市）を始め本陣建屋が数多く残るが、公開建屋は限られる。

文久元年に再建された和田宿本陣（長和町）は「座敷棟」が近傍の寺院に移築されたが本陣家住居棟は現地に再現され資料館として公開されている。

＊本陣門

本陣の門構はいずれも豪華であったことから、維新後に伝馬制が廃止されると寺院等に寄贈または売却されることも多く、現在も各地で寺院山門として利用されている。

＊脇本陣

副本陣ともいうべき休泊所で、本陣の補助的存在。平素は一般旅人用休泊所で旅籠屋と類似の存在だが、高貴な旅人が重なり本陣が対応できない時に、本陣代役を許された特別休泊施設である。

本陣に匹敵するような高級なものから、旅籠屋とほぼ変わらない建物まで幅があったが、内容はいずれも1泊2食付きの宿泊施設である。

江戸中期以降に見られたが、最後まで脇本陣を置かなかった宿駅も存在する。上段の間を備える大型旅籠建築が基本で、本陣同様、門構、玄関まで備えたものも見られたが、これらは義務付けられていない。東海道では唯一舞坂宿に現存し、中山道では妻籠宿などに格式ある脇本陣が遺されている。

＊旅籠《はたご》（旅籠屋）

一般の旅人用の休泊施設で1泊2食付が基本。大別して飯盛女を置く飯盛旅籠と、置かない平旅籠に区分されるが、多くは飯盛り旅籠であった。

＊木賃宿

自炊する旅人専用の宿で、調理用の木賃代（薪代金）だけ支払うので木賃宿と呼ばれた。江戸初期は鍋・釜持参で自炊する旅人が多く見られたが、時代とともに減り、木賃宿は目立たない存在となった。

＊小休本陣（茶屋本陣）

間《あい》の宿《しゅく》に設けられた茶屋の中で、大名など高貴な旅人が休憩した高級茶屋。間の宿に過ぎないので、大名といえども宿泊は認められず、昼食か茶のために短時間休憩した場所。

一般的に東海道では小休《こやすみ》本陣、中山道では茶屋本陣と呼んでいた。

舞坂宿の脇本陣

本陣門が現存する大井宿本陣

岡部宿にある大旅籠柏屋歴史資料館

芦田本陣の客殿

上豊岡の茶屋本陣（高崎市）

寺院の山門として使われている本陣門
（三嶋宿・圓明寺）

3 旅人を導く設備

並木道

旅人の道中を快適にするよう、夏の強い陽射しと冬の冷風を遮るため、幕府は街道への植樹を奨励し各地に並木道が生まれた。「杉並木」と「松並木」が代表的である。近年の開発に伴い消滅するものも多く、本格的な並木道として現存するものは数える程に過ぎない。

陽射しや風から旅人を守った
御油松並木（豊川市）

① 杉並木　杉は樹高もあることから広範な木陰を作り、また条件が良ければ樹齢１０００年にも及び、並木道にはうってつけである。しかし大量の地下水を要することから五街道でも日光付近など限られた地域を除くと本格的な杉並木は珍しく、東海道では箱根近くしか適せず、中山道でも少ない。かつて上州・原市付近に立派な杉並木が存在したが工業化の進展に伴い地下水が不足し、現在はまばら状態である。

② 松並木　塩害にも強いことから東海道に沿って各地に植えられたが、松の寿命は３００年程といわれる。戦時中に戦闘機燃料の補充に松根油を採取したこともあり、また近年松喰い虫・排気ガス・道路拡幅等の影響で姿を消し始め、現在は舞坂、御油の二大松並木を含め、現存箇所はわずかである。

東海道平塚～大磯間や中山道笠取峠にも年代物の松が残り、往時の松並木を偲ばせるが、規模は限られる。

石畳

往時の旅では降雨後のぬかるみが歩行を妨げ、特に坂道では難を極めた。幕府は当初坂道に竹を敷くよう指導したが、ほぼ毎年取り替えざるを得ないことから、

泥のぬかるみを防いだ箱根石畳

その後石畳を敷かせた。現存する江戸期石畳は箱根東坂、金谷菊川坂（江戸期石畳はわずかとなったが、平成の道普請で修復）程度であるが、近年中山道落合宿付近の林間から発見され、他にも街道の付け替えや落葉等に埋まり、忘れられた石畳もあるのではないかと関心が高まっている。

常夜灯

宿駅内や寺社境内を照らすため、あるいは遠方への目印とするため、夜間に火を灯した灯籠。街道に建てられた常夜燈は大きく分けて二種類ある。

① 一般常夜灯　宿内安全、町内安全などと彫られたものが多く、平和な生活・社会を願うための常夜灯。

② 秋葉常夜灯　火伏の神を祀る秋葉神社に参詣する旅人への案内用に、街道沿いに置かれたもので、掛川宿西から北上する秋葉街道に近づくにつれ設置数が増えるのが特徴。

木造長屋式住居が多かったため江戸時代は、「火事が起きない」「万一出火した際は速やかな鎮火」を願い、火伏せの神である秋葉神社への信仰は根強かった。

なお、東京の秋葉原の地名は火伏を願って秋葉神社の分社が置かれたことから生まれた地名で、江戸町民の火伏せに対する強い信仰心を伝えている。

また、常夜灯とは異なるが、宿内の道を照らすため外に張り出した灯り窓も設けられた。本格的な街灯のない時代の夜道に対する心遣いが伺える。

一里塚

日本橋から一里毎に5間四方、高さ1丈近くの塚を築き、塚上には主に榎《えのき》などの落葉樹を植え、江戸から一里毎の距離を示した。大木が使われたため夏は木陰

屋外を照らした出窓（美江寺宿）

旅人の目印となった笠寺一里塚（名古屋市）

道中安全の祈りが込められた
万人講常夜燈（鈴鹿峠）

を提供し、冬は陽射しを浴びる休憩地となった。東海道では大半が榎で、例外的に椋《むく》、杉なども見られた。

基本的に街道の左右に一対で置いたが、現存する一里塚は少ない。現在の東海道で最大の一里塚は笠寺一里塚で、樹木は榎。なお、例外として小高い山を利用した一里山と呼ばれるものも存在した。

道標

現在の道路案内に相当するもので、次の宿駅名や有名な寺社等への方向・距離を彫り刻んだもの。石柱造りが一般的。

なお、当時は掲示板を兼ねさせるため、紙を貼っても風に飛ばされないよう、表面を削った道標も使われた。

高札場《こうさつば》

幕府は住民や旅人に告知する必要がある重要事項は、定・掟などの形で高札に墨書きした。これら高札を掲げる設備または場所を高札場といい、宿駅には少なくとも1カ所置かれた。高札への書込み（墨入れ）

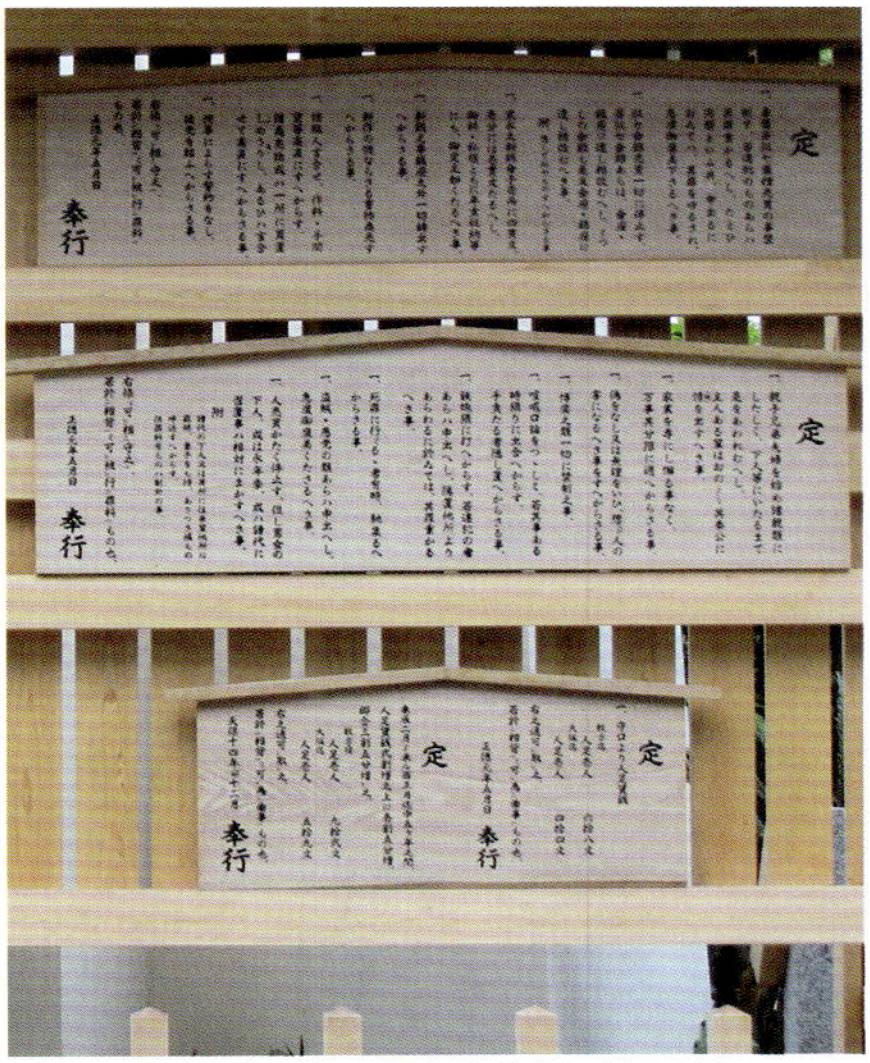

重要事項を旅人に知らせた高札場（守口宿）

東海道守口宿の奈良道との追分にある道標
「右　なら　のざき　みち」と彫られている

は基本的に奉行所が行うことになっており、宿駅では問屋といえども書き改めは禁じられた。

次の宿駅までの公定賃銭（お定め賃銭）を記載した高札も掲げられ、一般の旅人はこれを参考に駄賃交渉を行った。一般町人の継立料金は相対賃銭であるため、大名一行が支払う公定賃銭のほぼ2倍の出費を余儀なくされた。

4 宿場生活と旅の様子

名主と問屋の二元体勢

村役人としては名主（庄屋）が最高責任者であったが、街道・宿駅業務に関しては幕府道中奉行の指揮下にある問屋が責任者であった。つまり宿駅内には藩主の意を受けて町民生活全般を指導する名主と、幕府道中奉行の意を受けて街道管理する問屋の二つの指揮系統が存在する、言わば二元管理であった。

宿駅としての重要課題である年貢徴収については幕府から課せられる宿駅全体の石高を、名主が責任者となり各戸毎に割当て、指定時期までに上納した。この実務を行うのは米屋などであり、年貢米を納める宿場住民はたとえ名主といえども帳簿に記載し、年貢と共に提出することが義務付けられた。

最終的には米屋が宿内一同の年貢一覧を作成し、控えを取った上で年貢米を納めたことが明らかとなっている。

江戸から京まで2週間

元禄時代（１６８８～１７０３）になると生活にもゆとりが生まれ、伊勢詣などを中心に東海道ブームが生まれる。八代将軍吉宗の享保年間（１７１６～１７３６）になると落ち着いた旅が可能となった。十返舎一九の「東海道中膝栗毛」が旅行への関心を高めたこともあり、徐々に旅に出る町人が増加した。

当時の成年男子の1日平均歩行距離は8～10里（32～40㎞）とされる。東海道の距離は日本橋～三条間で大体１２６里（約４９５㎞）のため、江戸から京までは12～15日、約2週間の旅であった。ちなみに、大坂・高麗橋までの東海道57次の場合、距離は１３７里（約５４０㎞）で、13～16日の行程となる。ただし、天候次第で川越し・海越えは中止となり、大井川では連続29日川留めの記録がある。

旅の必需品

江戸前期の旅では鍋・釜を持参し、木賃宿で自炊する旅人も見られたが、中期以降は比較的身軽な格好で旅する人が増えた。

所持品としては着替え・脇差・頭巾・矢立・早道（財布）・道中記・鼻紙等が中心で、さらに行先によっては関所手形、往来手形も準備し、これらを旅行李《たびごうり》に入れ、前後に振り分けて旅をした。

〈長旅用携行品〉

関所手形、往来手形、旅行李、手ぬぐい、道中記（旅案内）、日記帳、矢立、早道（財布）、貨幣、薬籠（薬）、着替え、合羽、扇子、携帯枕、弁当箱、鬢付油、懐中鏡、糸・針、提灯、ローソク、火打石、股引、脚絆、甲掛など

5 街道に残る記録

57次を描いた「東海道分間延絵図」

文化3（1806）年に完成し将軍に献上された「東海道分間延絵図」は、幕府が主要道の沿線状況把握のため、道中奉行所に命じて作成させた絵地図である。現在国の重要文化財に指定され東京国立博物館に所蔵されている。

また、幕末まで道中奉行所が所蔵した「東海道分間延絵図控」は現在、郵政博物館が所蔵する。大津追分以西については「京へ向かう東海道」と「大坂までの東海道」を描き、東海道57宿全てが記載されている。

折り畳み式絵地図で、江戸から大坂までの長大区間を幅二尺程に収めるため適宜切り刻み、再度張り合わせる手法を用いた。切断・張り合わせにより方向にズレが生じるため、随所に方位を示す押印がある。

街道方向は1800分の1に縮尺表示し、その他の方向は2尺幅に収まるよう適宜縮尺率を変える手法が用いられた。江戸期の街道表示法として特殊技術を用いたものである。

宿駅のデータ集「宿村大概帳《しゅくそんたいがいちょう》」

幕府道中奉行所は天保14（1843）年に主要街道について詳細な調査を行い、宿駅の戸数、男女別人口、休泊所別内訳を始め、地元産品、名所、市の開催日に至るまでの具体的報告を宿村大概帳としてまとめた。これにより幕末の宿駅・街道の状況が詳細に把握可能となっている。

東海道宿村大概帳には江戸から大坂までの57宿が具体的に記載され、いずれの宿駅にも冒頭「東海道」と書かれており「東海道は大坂まで」であったことを示している。

枚方・守口宿に遺された帳簿類

大坂夏の陣直後に記載された守口宿のご証文（元和2〔1616〕年）には「継人馬役昼夜無油断之儀、可相勤者也」と記載されており、守口が早くから宿駅機能を担っていたことが明らかである。

その他にも、枚方（牧方）宿、守口宿には江戸時代

東海道分間延絵図には、大坂まで続く東海道の様子が描かれている。
写真は枚方宿（現・大阪府枚方市）周辺の絵図の一部［郵政博物館蔵］

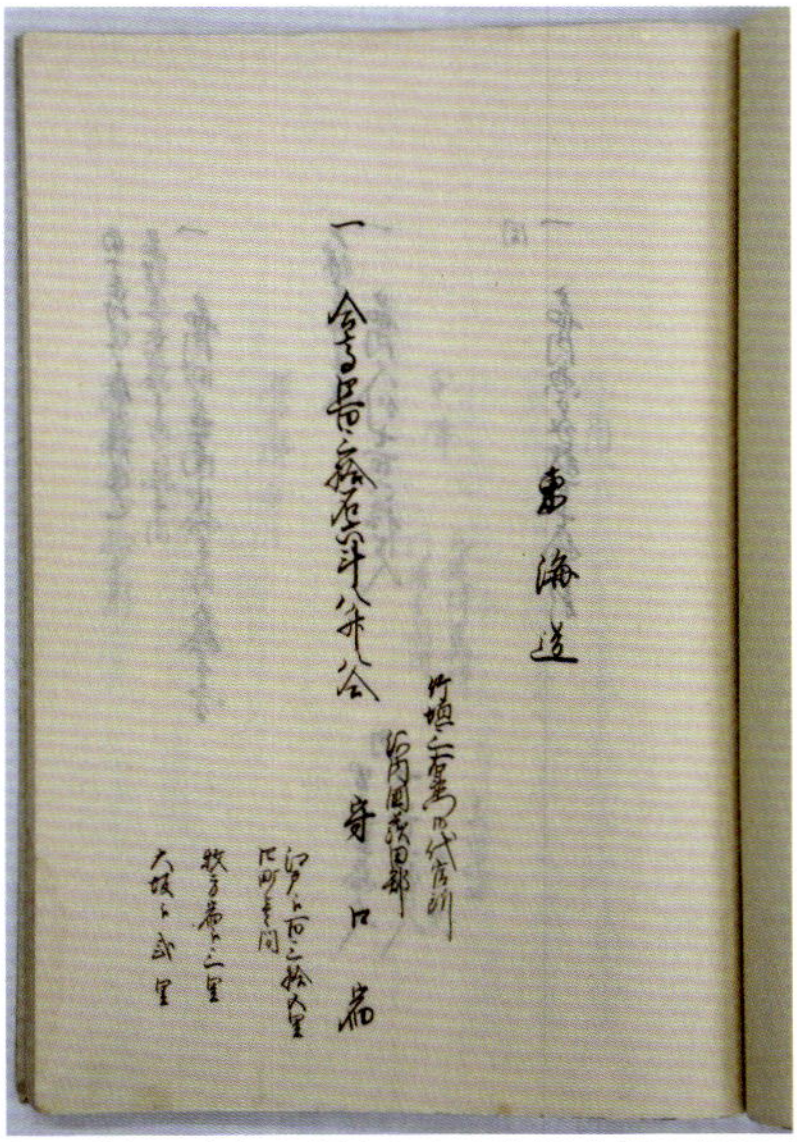

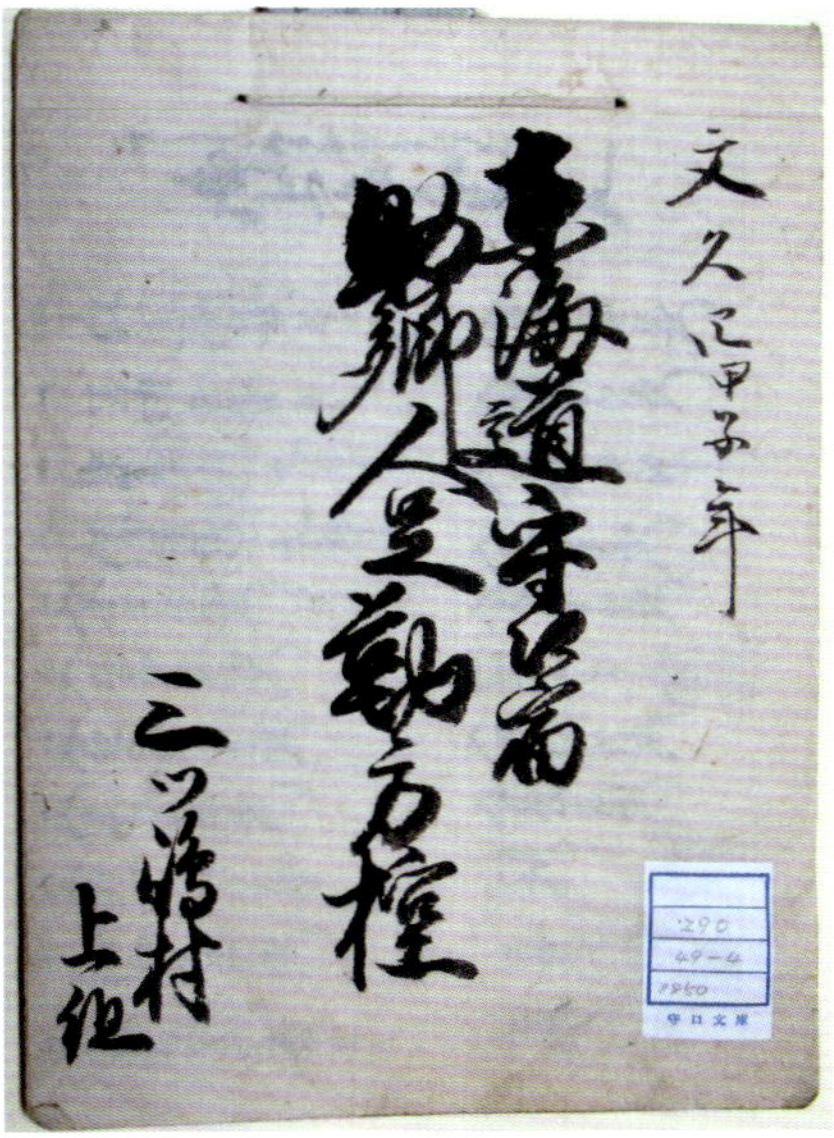

左は「守口宿」と記された東海道宿村大概帳［郵政博物館蔵］。右は「東海道守口宿」と記載された文久４年の帳簿［守口文庫蔵］。いずれも東海道が守口宿まで続いていたことを示している

の帳簿類が遺されており、多くに東海道牧方宿、東海道守口宿と記載され、いずれも町民達が「当該街道は東海道」と理解していたことを示す。

　両宿とも淀川沿いであることから三十石船による舟運の影響を受け、特に枚方（牧方）宿は舟運中継基地として旅客を相手に「くらわんか舟」による飲食営業で多忙を極めるとともに大いに潤った。

　一方、守口宿は大坂に近いこともあり、馬の継立を行わない珍しい宿駅で、助郷村（人馬徴発を課せられた郷村）に指定された門真とともに継立を行った。

　三十石船の下り便は大坂まで7時間程度であり、船中横になりながらの旅も可能だった。大半の旅人が利用する一方、上りは流れに逆行することから料金も高額である。そのため、多くが東海道を歩き、その結果、守口・枚方・淀の3宿は、京・江戸方面に向かう旅人に偏り、「片宿」と呼ばれた。

第2章 遺構が伝える「宿場生活と街道の旅」

江戸期建造物は時の経過による老朽化が避けられず、さらに沿線開発や戦争・地震・津波等の影響もあり、往時を伝える遺構は僅かになっている。それでも、東海道・中山道には若干遺され、これらは街道や宿駅生活を直接かつ正確に伝える貴重なものである。

第2章ではこれらの遺構（一部は再現建築）を紹介しながら、江戸期の生活や旅などを解説する。

1 宿駅の建築物

日本では太閤検地以降「間口に応じて課税」という基本方針であったため「表は狭く、奥行が長い敷地」が一般的であった。いわゆる「ウナギの寝床」方式の住居である。

土地・建物の所有が容易でない時代には、ごく一部

江戸時代の典型的な町屋・志田家主屋（蒲原宿）

の地主や建物所有者が貸地、貸家、貸間などの形で賃貸することが各地で見られた。貸家と言っても江戸のような大都市では二部屋程度の小規模住宅も多く、住環境は決して良好ではないと思われる。

米作を中心とする農業依存度の高い地方社会でも、農地を持てず小作人として従事する状況では収穫のごく一部しか手元に残せず、大家から借り受けて店子として居住する人達も多くみられた。

壁一枚で区切る長屋（連棟式）住宅

江戸時代の町民住居は建設費節約もあり、壁一枚で接する長屋方式（連棟式）が多く採用された。柱・壁の資材を節約するため街道に沿って二十戸、三十戸と連なる長屋建築であり、住居は壁一枚で区分されるに過ぎず、隣家の音も漏れ聞こえる構造だった。

長屋建築の場合は表か最奥の部屋しか採光できず、暗い部屋が縦列型に並び、風通しも悪く湿気の多い状況で、一部の恵まれた人達を除き住環境は良かったとはいえない。非健康的家屋であるため、家によっては奥に内庭を設け陽射しを採り込む工夫もされたが数からいえば限定的である。

また、江戸初期の井戸、風呂、便所等は数家族の共同施設であり、屋外設置が一般的。徐々に各戸毎に備えるようになっても家外か廊下伝いが普通で、雨天や夜間での使い勝手は良くない。往時は自給自足に近い面もあり、農家以外でも多くが野菜作りなど農作業を行っており、その肥料は厠から取り出す必要があった。そのため畑に近い屋外方式が理に適っていたことも現代と異なる大きな理由である。

土足のまま歩ける通り土間

往時は自宅裏の畑で野菜を作り、鶏・豚・牛馬など

すりあげ式大戸と潜り戸
（枚方宿）

を飼うことも稀ではなかった。そのため家の表から裏庭まで土足のまま往来可能な構造が便利で、通し土間を設ける住居が多くみられた。いわゆる「通り土間、三室縦列型」などという住宅形式である。

その際、牛馬や大量の作物を出し入れする場合には、街道に面した大戸を上げて通す必要から、大戸の一部に潜り戸を設け、平素はそこから出入りしていた。大戸は非常に重く、大人3人でやっと持ち上げられる程で、潜り戸の出入りが一般的であった。

吊り上げて開く蔀戸《しとみど》

蔀戸は、平安時代に考案された建具の一つ。天井部から吊金具で板を水平になるまで吊り上げる方式の雨戸である。武家住宅は書院造りで戸を左右にスライドさせる引戸を用いたのに対し、貴族は寝殿造りで柱間に大きな蔀戸を設け、昼間は上に吊り上げる方式を用いた。その名残が町民住宅にも見られる。

雨戸には、天井から吊るす蔀戸や羽目板を上下させる方式が使われた。寺社とは異なり、住居用蔀戸は、写真の右奥に見られるように、上2段を折り重ねて天井から吊り上げ、最下段は外しておく方式であった。

蔀戸は現在でも神社仏閣建築に使用される。しかし、町民住居の場合は一般的に庇《ひさし》幅が短く、外側に吊り上げられない。そのため室内で3段に分割した蔀戸の上2段を折り畳み、天井から吊り上げる。最下段は外して立てかける方式となるため、複雑で近代建築では

蒲原宿・志田邸の店の間。
写真右端の窓が「蔀戸」で、板戸を上下に開閉させる

全く使われない。
現在、町屋に使われている吊り上げ式蔀戸で公開されているのは、東海道でも蒲原宿、新居宿、関宿、中山道では鳥居本宿程度で非常に少ない。

商談スペースの「店の間」

商家の場合、一般に入り口横の第1室は商品を陳列・販売したり商談したりする部屋となり、「店の間（見世の間）」と呼んだ。広重の浮世絵が伝えるように、商品を畳や床上に並べたり、壁に掛けたりする程度で、重層式陳列台等を使って大量の商品を並べるようなことは少なく、比較的穏やかな商いが多かった。しかし、例外的ではあるが一部観光地では過熱し、激しい呼び込み等も展開されたといわれる。

フチ帯のない野郎畳

部屋は板敷もあったが通常は畳敷きで、フチ帯の無い野郎畳であった。戸棚が少ないため衣類などは葛籠《つづら》や行李《こうり》に収納し、部屋隅に置くのが一般的。畳は長さ9尺に及ぶ巨大畳も使用された。冬には暖をとるため囲炉裏を備えたが、その大きさは地域により異なり、東海道沿いは3尺幅程の小型で茶を沸かす程度である。

中山道は寒さ厳しい地区も多く、大型囲炉裏が見られた。しかし、和室が減り、電気・ガスで暖を取る時代になると炭依存には限界があり、現在では全国的に忘れられた存在となっている。

江戸時代の住居は基本的に畳敷きで板の間は少ないが、作業をする必要があれば板の間も備えた。その場合、手斧《ちょうな》削りの床が多く、町民住居では鉋《かんな》で削った滑らかな床は珍しい。

柱や框《かまち》等には欅《けやき》のような硬い木が使われ、耐用年数の長い建物が作られた。一般的に江戸期建築は釘を使わず木の組み合わせで骨組みを作り、町民住宅ではその上に手斧加工の板を載せ、野郎畳を敷く単純構造であった。

埃《ほこり》が立ちにくい三和土《たたき》造り

セメントの無い時代の土間は粘土に砂、石灰、塩などを混ぜ、突き固める三和土土間であった。三和土は

庇《ひさし》の下に取り付けられた幕板（関宿）

ベンガラ塗家屋（武佐宿）

揚げ階段（藤川宿）

隣家との隙間に設けられた卯建（間の宿・有松）

水分を含み易く、埃が立ち難いという長所と、内部に湿気が漂う短所がある建築材料である。また土蔵を始め、木造住宅でも漆喰が随所に使われた。隙間を埋めたり、虫籠窓《むしこまど》をつけたりして耐火建築に近づけた。

延焼を防ぐ卯建《うだつ》

卯建とは防火用（延焼防止用）の特別壁で、隣家との隙間または屋根・庇《ひさし》に設けた。通常土壁で覆い、火の粉や熱から建物を守る物であった。江戸期は火災が多く発生し、その都度火の粉が飛び類焼が多かったため、防止策として中部地区の一部では卯建を載せることが多くみられた。

雨水を防ぐ幕板

木造住居を長持ちさせるには、雨水などが極力かからないようにする必要がある。東海道関宿では昔から庇下部に幕板をつけるのが一般的で、現在も多くの幕板が見られる。

このような幕板は雨量の多い地域に伝わる防湿対策で、永年にわたり引き継がれた住民の知恵であり、今後も大きな効果が期待される。

弁柄《ベンガラ》で染めた住居

ベンガラは「弁柄」あるいは「紅殻」とも書き、酸化第二鉄を主成分とした赤色顔料で、インド・ベンガル地方の発祥から「ベンガラ」と呼ばれた。飛鳥・白鳳時代の寺院や宮殿の柱に使用され、以後も色鮮やかで好感をもたれることから町民の家にも利用された。ほんのわずかではあるが東海道沿いにも現存する。

あまり使われなかった階段

江戸時代も後期になると盛んに2階建ても建造された。当然、階段を備えたが、昼間は田畑で耕作に追われる日々で、階段は朝夕の2度しか使わないことも多く、ある意味では邪魔な存在であった。そこで階段横に戸をつけて隠したり、揚げ階段にして昼間は天井から吊るしたりする方式も考案された。

また、ネズミがすみ着くことも多いため、階段上に横に滑る扉をつけて、2階に侵入されない構造にした住居や土蔵が各地に見られた。

両面使いの看板

江戸時代も中期以降になると旅人が多くなり、百姓以外で生活する人が増え始める。それに伴い、街道沿いの家々では店の間に商品を並べ、旅人相手に商う人も増えた。その際に遠くからも見えるよう、大きな看板が設けられた。

看板は店や商品名を「漢字」と「かな」で書くが、旅人が店を出た際、一方は「漢字」だけで、反対側は「かな文字」を入れて書く習慣があった（江戸に向かっては漢字看板、京に向かってはかな入り看板とされた）。多くの旅人にとって一生に一度の旅であり、東西関係も分からないことから、誤って逆方向に進まないよう、看板の書き方を統一し、逆行を防止した。旅人へのきめ細かい配慮に日本人ならではの心遣いが感じられる。

塗籠《ぬりごめ》住宅と虫籠窓《むしこまど》

火事の多かった江戸時代には類焼しないよう卯建《うだつ》などの工夫がされたが、火の粉が飛来しても燃えないよう、土壁で覆った土蔵に近い建築も増え、現在も宿場町等に遺されている。

土蔵程の厚い壁ではないものの、周囲に土壁を施す着火しにくい構造で、これを塗籠造という。

また塗籠造とまで行かなくとも、窓から火が入るのを防ぐ目的で、窓枠内に土壁で覆った縦の柱を入れた虫籠窓が各地で採用された。外から陽が入りにくく室内は暗いという欠点はあるものの、万一の際も火がつきにくい構造で防火力は一段と向上した。

牛馬をつなぐ輪と石

牛馬と共に生活する時代であり、旅先では馬宿、牛馬用水呑場は必須であった。また商店では牛馬がつなげる建物でないと不便で、客足が遠のくことになる。

そこで旅人相手の商家では必ず牛馬用のつなぎ輪を街道に面した柱に打ち付け、あるいは牛馬がひけないような巨大な石を置いて、これにつないだ。

この種の輪が付いた建造物は、正に牛馬と共に生活した時代を伝える貴重なものである。また、牛馬のために、塩を入れた石臼を置いていた宿駅もあり、動物への配慮など、牛馬と一体となった日常生活も正確に

牛馬つなぎ石（望月宿）

牛馬繋ぎ輪（関宿）

京へ向け、「かな文字」を入れて「関の戸」と書かれた看板（関宿）

虫籠窓のある家（土山宿）

伝え残したい。

東海道関宿は古い街並みが維持され、東海道で最も宿駅らしい佇まいを伝えるが、この牛馬つなぎ輪が多くの家々に遺されており、正確に宿駅時代を伝えている。

つなぎ石は馬の育成が盛んであった信州望月宿の資料館に展示されている。牧で大量に育成する際、建造物が無くともつなげるよう、上の写真のように加工したつなぎ石を多用したと思われる。

② 宿場・街道の管理施設

現存する掛川城御殿

江戸時代まで各地にあった城郭は維新後に取り壊されたものが多く、往時の天守閣が現存する例は少ない。一部に復元されたものが見られるが重厚感などは及びもつかず、たとえ部分的であっても江戸期建築が遺された城は魅力的かつ貴重である。江戸期城郭建築として東海道で現存するのは、掛川城御殿と亀山城の櫓《やぐら》に過ぎない。前者は藩主住居兼役所で国の重要文化財と

江戸末期に建てられた二の丸御殿が現存する掛川城

なっている。後者は戦いに備えた櫓内部を間近に見られる貴重な建造物として公開されている。

将軍の上洛や鷹狩の際の休泊用に、幕府は各地に特別施設を配備した。そのうち見付宿（磐田市）近辺にあった中泉御殿は門構が遺り、表門は西光寺に、裏門は西願寺に移築され山門として活用されている。

また家光が上洛時に使用した水口宿（甲賀市）の御殿は石垣が現存し、資料館基礎として活用されている。

一方、東海道で天守閣が再現されたものとしては小田原城、掛川城、浜松城、岡崎城等がある。また、武家屋敷としては中山道安中宿近くに数軒分の屋敷が再現され、井戸などを共用する武家生活を伝えている。

旅人を監視する「関所」

関所は時代によって目的も対応も異なっていたが、江戸幕府は江戸防衛の観点から、「入り鉄砲に出女」の取り締まりを中心に各地に設け、旅人を監視し続けた。

家康は関ケ原直後は今切（新居）、気賀など江戸から比較的遠隔な地に関所を置いたが、大坂夏の陣以降、幕府は箱根、碓氷、木曽福島にも新設するなど江戸防衛を意識した整備を進めている。

江戸中期になると東海道・中山道では箱根・今切・碓氷の関所が重視され、これに木曽の福島も加えた4カ所が広く知られたが、他にも小規模なものは置かれていた。関所にも重き関所と軽き関所が存在し、後者は番所や口留番所とも呼ばれる。

通関には原則として証文（関所手形）を必要とし、その改め方は女性に厳しく、鉄砲等の武器についても通関は容易でなかった。

宿駅の中心・問屋場《といやば》

問屋場は宿駅において旅人への人馬継立を行う重要施設で、併せて休泊所の紹介など宿駅案内所のような役割も果たした。業務内容・位置ともに宿駅の中心的施設である。

伝馬制廃止後、基本的には撤去されたが、唯一中山道醒井《さめがい》宿に江戸期問屋場がほぼ往時の姿で公開されている。

幕末の東海道では問屋場は各駅に1～2カ所、最大でも3カ所しか置かれていない。だが、中山道では幕府指示の継立業務以外に商品輸送面にも携っており、さらに問屋が当番日には自宅を問屋場として提供するケースもあったため、天保14年の記録では問屋場が4カ所以上記録された宿駅が多数存在した。最大は醒井宿等の7カ所である。複数存在した場合は、数日毎に異なる問屋場を使用したり、人足と馬の継立を分離したりしていた。

なお、問屋場は地域によって呼び方が異なることもあり、問屋会所、人馬会所、馬借会所、役前所等とも呼ばれたが、いずれも明治初期に伝馬所と改められた。

荷物を調べる貫目改所《かんめあらためじょ》

幕府は正徳2（1712）年に貫目改所を設け、荷物重量の計測と取り締まりを厳格にした。具体的には東海道は品川・府中・草津の3宿に、中山道は当初、板橋と洗馬《せば》の2宿に置き、これによって東海道・中山道を通る荷物はほぼ全てを調べることができた。なお、天保9（1838）年には中山道追分宿に増設して北国街道との出入り荷物を厳しく計測した。

全国で唯一、江戸期の関所建屋が現存する新居の関所（今切関所）

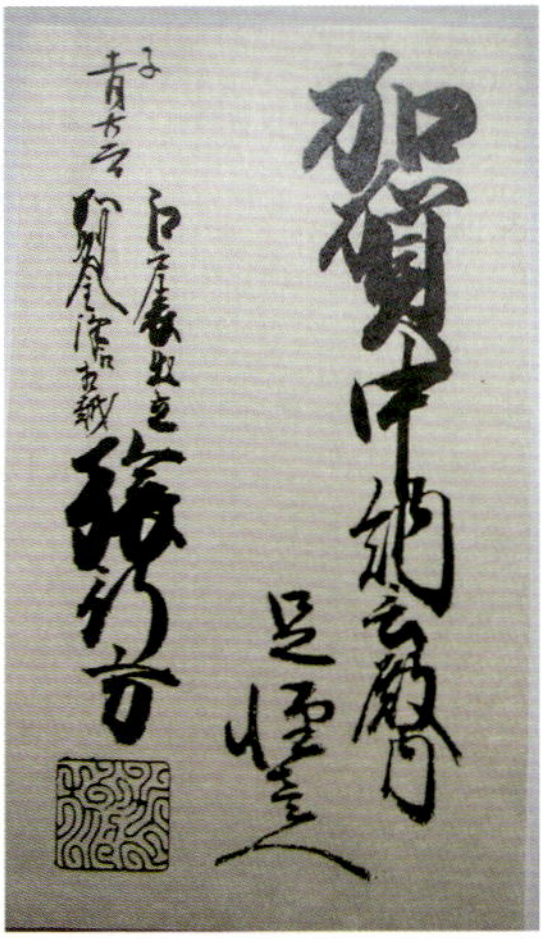

横川関所（碓氷関所）に提出された関所手形

醒井宿に現存する問屋場

東海道草津宿は中山道との分岐点であり、中山道利用者も一緒に計測された。伝馬の積載可能重量は当初から定められており、計測は宿駅が行うべき当然の業務であった。一見して軽量な荷まで計測したのは重量計測以外に、不審物が隠されていないか等を調べたり、旅人と接する時間を多くして市井の動向等を探らせたりする目的があったからといわれる。その意味で貫目改所は重量計測という名目の情報収集基地でもあり、幕府にとって特に重要な存在であった。

川越しを司る川会所《かわかいしょ》

旅人が河川を渡舟あるいは徒歩で渡る際、川越し全般について管理・取り締まる役所が川会所である。道中奉行や代官所の指導を受ける現地事務所のような役所で、大井川の場合正徳元（1711）年に初めて嶋田宿に置かれた。

川の深浅度合を調べ、川留《かわどめ》・川明《かわあき》（かわあけ）や川越し場の決定など「川越しに係る全てを差配する役所」で、川越人足の越立《こしたて》についても違法行為がないか調査して取り締まりを行った。

不審者を監視した草津の「隠し目付」

草津宿には徳川家康から信頼された太田家があり、代々問屋などの重要職を務めていた。幕府はこの太田家に対し、世間の噂、不審者の動向など重要事項を直接把握し幕府へ報告する使命を与えた。つまり、隠し目付を仰せつけ、常時、京・大坂周辺の裏情報を老中に直接上げていたわけで、近年これが明らかになった。

江戸幕府の手の込んだ街道管理の一端がうかがえるもので、街道史を把握するうえで貴重な情報である。これにより他宿、特に貫目改所所在の宿駅関係者の一部にそのような重要任務を帯びた問屋等が存在していたと推測される。

宿役人は旅人を監視し、幕府と気脈を通じ続けて体制維持に貢献していた。このことから、宿駅の一部には特別な重要業務が課せられていたと理解し、将来的にも伝えていく必要がある。

旅人の渡河を管理した川会所（再現・嶋田宿川越遺跡）

川越人足が客を乗せて運んだ「大高欄輦台《だいこうらんれんだい》」

国が選定した歴史的街道

	重要伝統的建造物群保存地区	歴　史　国　道
概要	文化庁が認定する、歴史的建物が面的に広く展開する地域。将来にわたる保存を目指し、復元予算等を措置して往時の姿に近づけている。	旧建設省が「歴史的に重要幹線道路として利用され、歴史・文化的価値を有する道路」として平成７～８年度の２年間で選定した24区間。東海道で３カ所、中山道で２カ所が選定された。
東海道	＊関宿（亀山市） 200 戸以上の江戸期建築（再現含む）が連なる東海道で唯一の本格的宿場町 ＊間の宿・有松 有松絞りの問屋などが集中した間の宿	＊間の宿・岩淵（富士市）～蒲原宿（静岡市）～由比宿（静岡市） 小休本陣、旅籠、町屋、工場、一里塚、土蔵等が現存 ＊藤川宿（岡崎市） 江戸期建築が現存し、広重が棒鼻を紹介した宿駅 ＊関宿（亀山市） 再現も含めると２００軒程の宿駅時代の建屋が軒を連ね、重伝建地区にも選定された宿場町
中山道	＊妻籠《つまご》宿（南木曽町） 最も江戸期宿駅を伝える宿場町 ＊奈良井宿（塩尻市） 妻籠宿に匹敵する宿場町 ＊間の宿・平沢（塩尻市） 漆器の街として有名	＊追分宿（軽井沢町） 北国街道（北陸道）との追分として重要な宿駅であった ＊妻籠《つまご》宿（南木曽町）～馬籠《まごめ》宿（中津川町）～落合宿（中津川町） 木曽から美濃にまたがる３宿は往時の面影が残る。妻籠宿は重伝建地区にも選定されている

第3章　困難な旅路を克服した知恵と努力

1　川越し・海越え

江戸時代は主に軍事的理由から大河川は架橋されなかったため、川越しの際は渡舟に頼り、比較的浅い川では徒歩渡りを強いられるという難儀な旅路であった。架橋しなかった理由は、一般的に江戸防衛のためといわれてきたが、夏季の増水期に耐えうる強固な橋脚建造の技術と財力に欠けていたからという説が近年有力となっている。

東海道では江戸から大坂までに渡舟あるいは徒歩渡りを余儀なくされる河川が14カ所にも及んだが、冬場には興津川のように仮橋を架ける河川もあり、時期によってその数は変動した。

徒歩で渡った大井川

舟を用いた河川は六郷川、馬入川、富士川、天竜川、横田川の5本。ただし、六郷川は当初、架橋されていた。徒歩渡りの河川は酒匂川、興津川、安倍川、瀬戸川、大井川、草津川、天の川（枚方宿近くの川）の7本である。

ここでは特に、大井川の川越《かわごし》制度を紹介したい。幕府・道中奉行は大井川の川越しについて、元禄9（1696）年に初めて代官所を通じて川庄屋を任命し、管理させた。その後、正徳元（1711）年には越立事務を司る役所として川会所を設け、同2年から明治3年（1870）年まで全てを仕切らせた。

川越人足は川札を購入した旅人を様々な方法で支援した。その人足数は元禄9年に350人であったが、幕末には650人に達している。人足は10組に編成され、通常は2組が担当した。

川越しの方法は、旅人を人足の肩に乗せて渡る「肩車越し」のほか、台に乗せる「輦台《れんだい》（蓮台）越し」がある。「輦台越し」には平輦台、半高欄輦台、中高欄輦台、大高欄輦台などの種類があった。

そのほか、乗馬しながらの川越しをする「馬越し」（一般の旅人は禁止）や、二人が支える長い棒につかまって渡る「棒渡し」（無賃）がある。

主な川越しの関係施設としては、川会所、札場、番屋、荷縄屋などが存在した。近年、嶋田宿横の大井川左岸に川越し遺跡が作られ、これらの施設を再現している。屋外公園的施設で、夕刻以降も散策しながら見学可能（建物内部は除く）。

嶋田・金谷宿の川越人足は互いに対岸の客を奪うことなく、復路は必ず空で戻った。

明治3年（1870）年に大井川の川越制度は廃止され一時渡舟となり、その後架橋された。

川越し費用の例（寛政期 1789 ～ 1801 年）

川札料金

股通し以下	48 文（最低料金）
脇通し以下	94 文（最高料金）

川越し形態と必要川札数

人足の肩車	1 枚
平輦台	6 枚（担ぎ手分 4 枚＋台札分 2 枚）
大高欄輦台	52 枚 (担ぎ手分 16 枚＋手張分 4 枚＋大札分 32 枚)

大井川の水位

基準水位	2 尺 5 寸（約 76㎝）
川留（川止）水位	4 尺 5 寸（約 136㎝）

舞坂宿の北雁木。江戸期は高貴な人専用の渡船場だった

船酔いに悩まされた海越え

東海道で海を越える場所は、二カ所あった。「今切れの渡し」と「宮の渡し（七里の渡し）」である。

「今切れの渡し」は舞坂～新居間の1里半の渡しで、「一里の渡し」とも呼ばれた。渡舟は基本的に新居宿が担当した。

「宮の渡し」は熱田から桑名までの海上七里に及ぶ船旅で、天候に左右され順風でも7時間程を要した。天候が崩れると船酔いが続出したことから、熱田宿から佐屋宿まで陸路佐屋路を利用する人もいた。佐屋湊から桑名湊までは4つの河川（佐屋川と木曽三川）を横断する佐屋の渡し（三里の渡し）経由のルートも知られ、利用者が増加した。そこで幕府は脇往還・佐屋路を直接管理することとした。

② 峠越え

東海道で旅の中断を余儀なくされるのは悪天候下の海越え・川越しくらいで、峠として最も厳しい箱根峠でも800m程の高度に過ぎず、小田原から三嶋宿までの8里は一日あれば十分踏破可能であった。

東海道の三大難峠は「箱根峠」「鈴鹿峠」「小夜の中山峠」の3カ所。そのほかの主要峠として、「薩埵《さった》峠」「宇津ノ谷峠」がある。しかし、「箱根八里は馬でも越すが、越すに越されぬ大井川」と詠われたように、東海道最大の難所はあくまで川であった。

命がけだった中山道の峠越え

一方、中山道には1600mにも及ぶ高地があり、氷点下が続き凍結した岩道を上下するのは大変厳しく、特に桟《かけはし》などでは40貫の荷を載せた馬がバランスを崩せば崖下への転落は免れず、峠越えは命を懸けた旅であった。

桟とは、岸壁に木を差し込み、その上に板を載せて作った細い道のことである。木曽渓谷を通る中山道は、断崖絶壁が続き、普通の道が作れないため、桟が設けられた。

いわゆる、両端を支える橋とは全く異なり、岸壁に横づけされた木製道であったが、時代により石垣で補強等をして少しずつ変化した。木造の桟が焼失後、慶安元（1648）年に875両の大金を懸けて中央部を木橋とする延長56間（102m）に及ぶ石垣に変え、さらに寛保元（1741）年には中央部も石垣にしたことが記録されている。現在は石垣の一部を史跡とし、対岸から見られるようになっている。

当初の桟は、いわば岸壁に横づけされた木造道のようなものだった。その後徐々に改造されたものの、細い道から外れれば何十mも下に落下するしかなく、五街道で最も危険な箇所だった。江戸時代には中山道の旅人達から「木曽の桟、太田の渡し、碓氷の峠が無くば良い」と詠われ、木曽の桟が最も嫌われた。桟を渡る馬上の旅人は、生きた心地がしなかったと思われる。

中山道の主要峠は「和田峠」「碓氷峠」「琵琶峠」「鳥居峠」など。特に和田峠は、五街道中最大の難峠であった。

和田宿から下諏訪宿までの5里には集落がなく、旅支援が期待できない街道であった。高度も1600m前後が続き、凍結した山道は過酷な道中となり、犠牲になった馬のため馬頭観音が街道沿いに多く置かれている。また、各街道の坂道には、旅を容易にするため石畳が敷設された（22ページ参照）。

旅人に粥を施す

和田峠、碓氷峠はいずれも高地にあり、中山道でも1、2を争う高所で、冬の寒さは他に類を見ない程厳しかった。特に和田峠は前後5里にわたり人家がなく、冷えと空腹対策を怠ると命にかかわる怖れがあり、五街道でもトップクラスの要注意箇所だった。

このような峠越えの苦労を知った江戸の篤志家が大金を寄付したことにより、幕府はその利子分で冬期には和田峠・碓氷峠で粥を提供し暖をとらせ、牛馬にも餌と水を与えた。提供した場所は施行所とか餅屋と呼ばれた特別施設で、近年観光客用に再現され、その美談を伝えている。

3 重き通行（重要人物の旅）

将軍の御成りはもとより、勅使、例幣使、公家、朝鮮通信使、大名など重要人物の往来は「重き通行」と呼ばれ、関係する村々には先触れがなされ、それを受け直ちに担当する掃除丁場の清掃や道普請を行って迎えに万全を期した。

重き通行という言い方は、幕府の公文書にも使用される表現で、東海道宿村大概帳にも「重き通行有る節は、宿役人一同罷り出……」といった記載が見られる。一方、対となる「軽き」という言葉も公的に使用され、大井川近くの高札に「たとへ軽き旅人たりといふとも大切に思ひ、あやまちなき様に念を入へき事……」と書かれていた記録が残る。

事の軽重という表現は現在も使われるが、かつては人物評価も重い・軽いという言い方が一般的であったことが明らかである。

富士川に架橋した将軍の旅

「重き通行」の中でも最重要なのが将軍の旅で、宿駅では最大限の気遣いをした。ただし、朝廷と幕府の関係は初期と幕末を除いて希薄であり、4代将軍から13代まではまったく上洛してない。将軍は日光東照宮や増上寺などへの公式参拝の他には鷹狩に出る程度で、その際も各地に整備した御殿で休泊するのが基本

岸壁に横づけされた桟の遺構。橋の下に当時の石垣が見える

復元された施行所。旅人に暖を取らせ、牛馬に餌を与えた（和田宿〜下諏訪宿間）

であった。

川越しの際は富士川のような急流でも舟橋を設け、あたかも道路を通るように渡ったといわれる。富士川は南アルプスと秩父山系から駿河湾に至る全長１２８kmの河川。標高差３０００ｍの急流となり、熊本の球磨川、山形の最上川と並び日本３大急流の一つに数えられる。東海道で渡舟に依存せざるを得ない５河川の一つでもある。水量が増すと渡舟場を上流に移動させ川越しを続けた。さらに増水すると川留めを余儀なくされることも度々であった。

また、舟橋を架けるには莫大な資金が必要であり、御三家にも架けることは無かった。寛永３（１６２６）年、将軍家光の上洛の便を図るため大井川に舟橋を架けた実弟・駿河大納言徳川忠長は「無駄なことをしてけしからん」と叱責された。その後、駿河城主を改易され甲府、高崎へと追いやられたほど、舟橋架橋は幕府財政にも響く大事業であった。

朝鮮通信使への舟橋

多数の舟を横に並べ、それらを棕櫚《しゅろ》で縛り合わせ、舟上には板を敷き、砂を載せて臨時の橋とした。これが舟橋と呼ばれるもので、その上に駕籠を通し、随行者や馬は街道を進むように歩き進んだという。大量の舟を集め、大木を杭として川底に打ち込むなど難作業を伴い、莫大な資金と労力を要する大事業であった。しかし12回に及ぶ朝鮮通信使のうち、富士川では6回も架橋しており、江戸幕府が朝鮮との外交を非常に重視したことを物語っている。

なお、明治天皇は慶応4年~明治2年にかけて京~江戸を1往復半したが、この際も舟橋を架橋している。

薩埵《さった》峠の街道新設

薩埵峠は急峻のため作道が極めて困難で、江戸時代初期までの東海道は海岸に沿った浜街道であった。旅人は大波が来れば岩陰に避難しながら由比宿~興津宿を往来しており、荒天続きなら数日間も通れない厳しい区間であった。朝鮮通信使は500名前後の大部隊であり、海岸筋の旅路に不安を感じた幕府は急きょ、薩埵峠中腹への東海道移設を決断し、作道奉行を発令して新たな街道を建造した(明暦元〔1655〕年)。

朝鮮通信使の宿舎となった清見寺(興津宿)

また、富士川流域の変動により、岩淵地区の東海道が移設されたが、一里塚の移設は経費もかかることから地元では見合わせていたところ、朝鮮通信使一行の来朝が決まると急きょ移設したことが記録されている。重き通行を完璧な準備で迎えたいという幕府及び沿線各地の想いが、記録から伺える。

その他に、重き通行の際、不快な思いをさせず、またハプニングが生じないよう、その都度、事前指示が出された。しかし、皇女和宮降嫁の旅のような、特に重要な道中には葬儀・焚火《たきび》等の禁止、犬猫等動物の隔離から女子供の通行制限まで、多岐にわたって詳細な指示が出された。

④ 橋梁

一時的に架けられた「仮橋」

① 冬期間の仮橋

河川によっては冬期にだけ架橋する河川も存在した。

駿河・興津川の川越しは通常徒歩渡しであったが、水量の少ない冬季には仮橋を設けていたことが東海道宿村大概帳に記載されている。従って常時架橋しなかったのは、夏場の大流量に耐えうる大規模橋梁の建設資金を調達できなかったことが最大の理由と思われる。

財政的に余裕のない村々でも、「増水期には外し、渇水期にだけ耐えうる簡易な橋」ならば安価に建造可能で、一部の村ではそのように対応していたのである。

② 重き通行時に架ける仮橋

枚方宿の江戸見付近くに天の川という河川がある。ここでは橋梁土台を石造にすることは許されなかったが、紀州徳川家が通る際に木造仮橋を架けることは許された。

しかし、木造仮橋では出水が大きいと耐えられないため、枚方宿は周辺村々に川越人足の支援を依頼し、人力を総動員して水流を弱めるよう悪戦苦闘したという。徴発される村々は2組に分けられ、隔番制（交代1年）で対応したといわれる。

③ 天候により外す仮橋

通年架橋の橋でも台風などで増水が危惧される場合

「木曽海道六拾九次之内 高宮」 歌川広重 ［静岡市東海道広重美術館蔵］
水量の少ない犬上川を渡る旅人たち。川の所々に橋桁が並んでいる

は、資材の流出を回避するため一時的に外すという川も見られた。

また、中山道の高宮宿（彦根市）では犬上川の水量が常時少ないので、可動式の橋桁を準備し、川水が流れる部分にだけこれらを並べ、その上に板を渡して通ったという。これについても広重は木曽海道六拾九

現在の無賃橋（高宮宿）

「木曽海道六拾九次之内 恵智川」 歌川広重［静岡市東海道広重美術館蔵］
恵智川にかかる無賃橋。木柱には「むちんばし、はし銭いらず」と書かれている

次・高宮宿で紹介している。

自然との戦いはいつの時代でも大変なことで、架橋による便利さと財政負担を最小限にすることを天秤にかけながら、宿場ごとに判断したことが分かる。

通行無料の「無賃橋」

川幅のある河川では架橋すると資金回収のため橋銭を収受するのが当然の時代で、橋の近くには橋銭小屋が置かれ小屋番が集金した。地元有力者等の資金提供で無賃の橋もあったが、これは稀有な例であった。

広重は「木曽海道六拾九次之内恵《え》智川《ちがわ》」で「むちんばし、はし銭いらず」と記された木柱と橋を描いている。無賃橋が非常に珍しいことから広く紹介したと思われる。

この恵智川（愛知川）は三重県と滋賀県にまたがる山岳地帯を水源とする近江一の河川で、それまで徒歩渡りで難儀するのを見かねた5人の町民が負担し、無賃橋を完成させたものである。広重の絵からは簡単な橋に見えるが、農村部の小さな宿駅の財政力では架橋は無理だったことがわかる。

5 防火と清掃

徹底された防火策

① 延焼を防ぐまちづくり

江戸時代は木造の長屋建築が多いため、火の不始末が宿駅全体を灰塵に帰すような大火に至ることも珍しくなかった。そのため卯建を載せたり、宿の中央部に土盛りした防火堤・防火土手を設けたり、あるいは広小路と呼ばれる幅広い道を通すなど、防火並びに延焼防止に取り組む姿は各地に見られた。

東海道熱田宿から美濃路に入るとすぐ名古屋宿となるが、ここでは万治3(1660)年に大火に見舞われ、現在の久屋大通りから長者町通りまでの約700mを3間(約5・9m)から15間(約29・6m)に拡幅し、広小路と呼んだ。

江戸・上野広小路は有名だが、藤沢宿にも広小路があった。一時は日本三大広小路の一つとして、各地に知られていたといわれる。

② 秋葉山《あきはさん》信仰

掛川宿西から秋葉街道を北上すると程なく秋葉神社に至る。同社は迦具土神《かぐつちのかみ》を祀るので、一般的に火伏《ひぶせ》の神として信仰され、関東・中部中心に広く信仰された。

なお、江戸時代に秋葉山にあった秋葉神社は現在袋井宿近くに移転し可睡斎の名で火伏信仰に携わり、秋葉山には新たな神社が入り火伏信仰を担っている。両者とも毎年12月に火祭りを行い、火事無き事並びに万一の際の速やかな鎮火を祈り続けている。

各地に置かれ秋葉常夜燈は秋葉山に参詣する人のために設置されたもので、かつては毎晩、火が灯された。なお、秋葉信仰は岐阜・名古屋付近では屋根神様という形で屋根上に祀って火伏を願う習わしにつながったといわれ、現在も旧家の屋根にその名残が見られる。

「掃除丁場《そうじちょうば》」で街道清掃

幕府は防火と同時に清掃も重視し、主要道は区間ごとに清掃担当村を定めた。これらを掃除丁場と呼び、村々に通告し責任を持たせた。各村は担当丁場に関しては街道清掃・並木整備を忠実に実行し、何らかの事情で対応出来ない場合は周辺の村々に依頼し、その分を金銭で支払った。

　重き通行が近づくとお触れが回り、沿線村々は街道清掃に出掛けることが徹底されたので、「日本の街道は綺麗」という評判が宣教師等により諸外国に伝えられた。東海道・中山道の清掃担当村は天保14年の調査記録である宿村大概帳に、すべて具体的に記載されている。

6 山間地・木曽への対応

米の代わりに木材を年貢に

　木曽は厳しい山々が連なり稲作には不向きな土地であるため、3分の1程度の住民しか養えないといわれていた。そこで尾張藩は米年貢を免除し、代わりに土《ど》居《い》とか榑《くれ》と呼ぶ木年貢を納めさせた。木年貢を納める住民に対し下用米《げようまい》と呼ぶ米を支給したが、その際、納める木年貢と下用米の割合は土居1駄につき、米1斗3合であった。

材木と白木を統制

　尾張藩は貴重な財源だった材木や白木を統制し、刻印した木材以外は木曽地区からの搬出を認めないこととし、主要箇所には白木番所（白木改番所）を設け、常時監視を行っていた。

鉄砲所持を認める

　木曽では昔から猪、鹿、熊等の狩猟が盛んな地域であることから、尾張藩は住民の火縄銃所持を認め、江戸時代には常時1000丁の火縄銃が存在した。ただし銃所持を認めるのは支配側にとってリスクがある。そこで尾張藩は鉄砲所持者には鉄砲鑑札を発行し、適宜鉄砲改めを実施して保管状況を調査・管理した。また尾張藩が攻撃されるような時には木曽地区では住民を総動員し火縄銃部隊として防衛に協力させ、敵侵入の阻止も考慮していた。

囲い人馬数の縮小

　江戸時代には平和が定着し、新田開発や農業技術の向上などにより生活が安定するにつれ、旅に出る人も増えた。それに従って宿駅に義務付けられた人馬数も徐々に多くなる。しかしながら木曽は周囲を山々に囲まれ寒さも厳しく農耕には限界があり、わずかに木曽《きそ》五木《ごぼく》（ヒノキ、アスナロ、コウヤマキ、ネズコ、サワラ）等の生長に頼らざるを得ない環境であった。そこで木曽地区では、中山道各宿に義務付けられた50人50疋の人馬確保は困難で、常備する人馬数の削減を強く働きかけた。その結果、紆余曲折はあったものの、贄《にえ》川《かわ》宿から馬籠《まごめ》宿に至る木曽11宿に義務付けられた人馬数は、天保14年では中山道基本常備数の半分である25人25疋に過ぎなかった。

「夏の中山道、冬の東海道」と言われたように、冬期間は旅する人も少なく、夏場でも東海道に比べれば通行量はかなり少ない状況であり、人馬数見直しは当然の措置と思われる。

⑦ 寺子屋教育

戦国時代までは「学ぶこと」に全く無縁であった一般町民も、平和到来とともに向学心に目覚め始めた。僧侶・神官・医者等の教養ある人が自宅を開放し、周辺の子弟に読み・書き・算盤等を教え始めると、一般町民達も徐々に子供達を通わせるようになった。これがいわゆる寺子屋教育で、江戸期の生活・文化向上に大きく貢献することになる。

寺子屋教育は幕府も歓迎したことから各地に広がり、早ければ5歳前後から、遅い者でも13～14歳から通い始めた。15歳前後で丁稚奉公に出るまで学ぶという空気が醸成され、進路に合わせた多種類の往来物《おうらいもの》（教科書）が発行された。1～2年という短期修学者も含めると江戸では子供の8割程が寺子屋に通い、幕末における識字率は世界一だったといわれる。

往来物は木版刷り冊子であるが、師匠によっては自ら認めた手書きの手本を使った。謝礼は庭先で採れた農作物程度しか受け取らないケースもあり、家庭負担は比較的少なかったといわれる。指導内容は読み・書き・算盤の他、子供達の家庭環境を考慮して商業・農業・家庭向けなど各人の進路に合わせた往来物が使われ、通常朝8時頃から午後2時頃までの教室であった。

年齢も進路も異なる子供達を一室で教える必要か

寺子屋で使われた手習帳等の古紙を張った葛籠［蒲原宿・東海道町民生活歴史館蔵］

ら、現在の学校教育のように多人数に向かって講義する形式でなく、生徒の各々が師から与えられた課題に取り組むという個別指導方式だった。いわば1人の師が20～30人の子供を相手に同時並行的に行う家庭教師である。江戸時代に寺子屋教育が浸透した結果、明治5年に新政府が学制を定めた際にも、違和感なく学校教育がスムーズに受け入れられ、その後の国家大躍進の基となっている。

8 資源の再利用

江戸時代の陣笠・葛籠《つづら》・文箱・天神人形などは古紙・木屑を芯にして周りを漆で塗り固めて作られた物が多い。これらは工夫次第で何でも作れ、また作ってきた事実と先人達の知恵と努力を伝えるものである。

上の写真は割り竹を芯にし、使用済みの手習帳等を張り合わせた葛籠で、「紙は何度でも使う」という生活の基本を伝えている。

「つづら」は当初「つづら藤」のつるを利用して籠を編み、その上に古紙を張って作成したのが始まりで、この種の籠類を「つづら」と呼ぶようになったという。このように江戸時代の物には循環型社会の手本が多く、いずれも「もったいない精神」の表れである。循環型とは「使い捨て中心」の現代社会の対極にあり、後戻りするのは極めて厳しい状況に陥っているが、古紙などを活用した江戸期の生活品を見ると、環境負荷の心配ない「資源再利用」を強く訴えている感がある。

関所でも、紙が貴重なため「関所手形は個別に提出せずとも、総人数を記載すれば全員を通す」という節約方式であった。

灯りも魚油、菜種油などに毒荏《どくえ》（油桐）を入れれば一層明るくなることに気づき、毒荏の栽培・利用が盛んになっていた。江戸期の物品は「使い捨てを最小限にし、あらゆる工夫と努力で資源の再利用を」と現代人に語りかけているようであり、改めて循環型社会への取り組み不足を痛感させられる。

第4章 街道の歴史が伝えるもの

第3章までに幕府記録や宿駅などに現存する遺構等を中心に江戸時代の生活や旅を伝え、それらに関連した諸々の課題とそれを克服した先人達の知恵・工夫・努力についても付言し、東海道・中山道の旅や生活の概要を紹介した。

第4章では個別の宿駅を離れて、東海道や中山道のいくつかの宿駅が共通して伝える事項を取り上げる。

宿駅を預かる関係者が他の宿駅と横つなぎせずに、独自に作成した案内でありながら、結果的に類似のことを伝承していることは意味あることで、看過すべきではない。以下三つの事項に触れるので、今後の参考にしていただきたい。

❶ 家康の「気配り・心遣い」

徳川家康は常に世話になった恩を忘れず、何らかの形で感謝の意を伝えてきたことが、沿線各地で語られている。権力や財力の無い一般町民に対しても、世話になることがあればその後、何らかの形で感謝の意を表したという。それらを挙げたらきりが無いが、ここではその一端を紹介する。

本能寺の変直後の脱出支援（伊勢・白子～東海道藤枝宿旧小川町）

本能寺の変の直後、河内方面に来ていた家康は一報を受けると速やかに紀伊半島東部・白子経由で海路尾張行きを決断する。

その際誰も船を出さない中、白子の住民・小川孫三が船を準備し、その配慮で無事帰還できたことに家康は大変感激した。

その後、家康に便宜を図ったため、小川孫三が地元で肩身の狭い思いをしていることを耳にした家康は、孫三を諸役御免（宿駅業務の免除）として藤枝宿に住まわせ、以後平穏な生活を送らせた。小川家は現在に至るまで代々藤枝宿中央部に居住し、この家康の「恩を忘れない心」を今に伝えている。

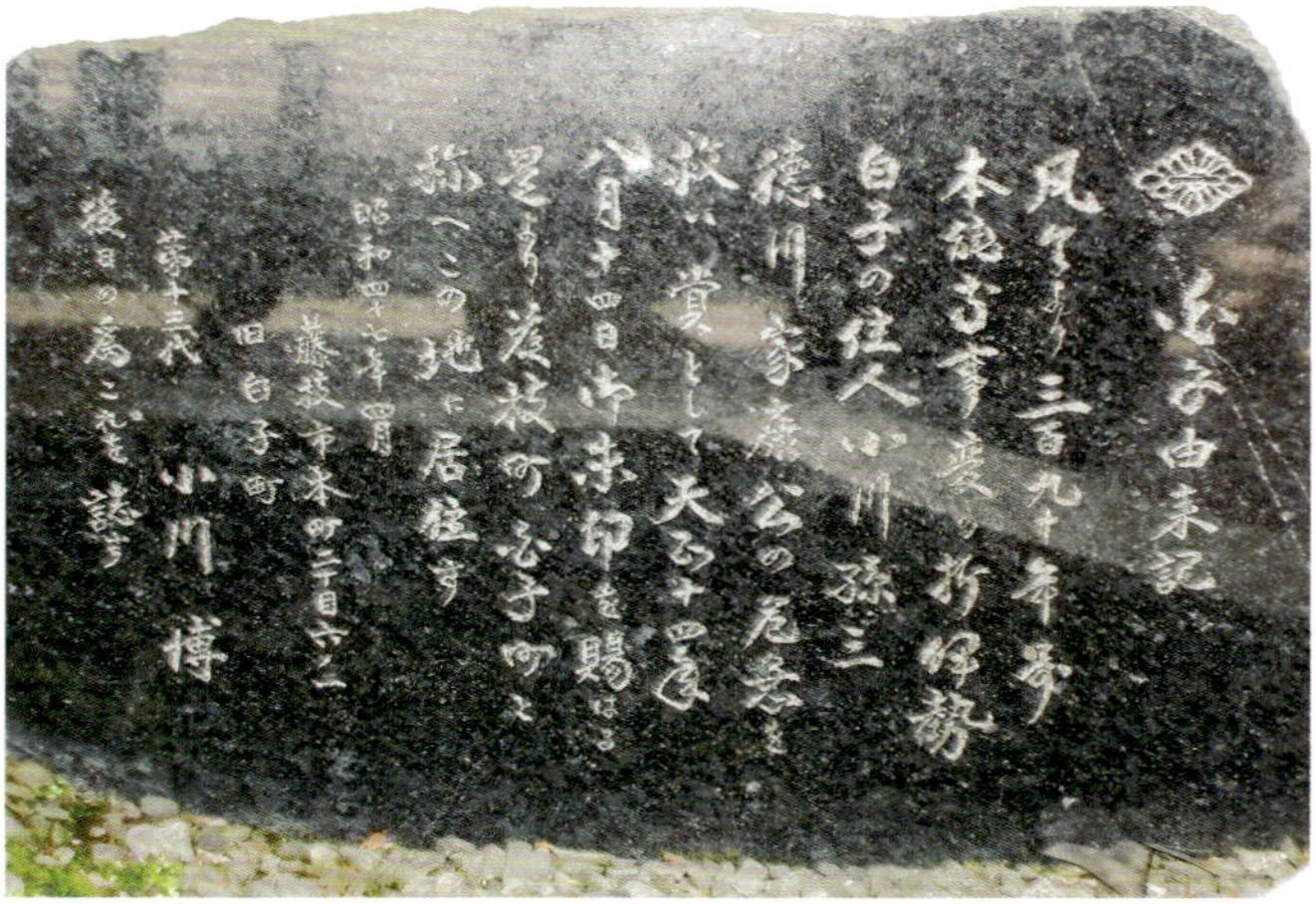

藤枝宿旧小川町にある、家康を助けた小川孫三の解説板

武田に追われた際の天竜川越え支援（東海道天竜川左岸池田村）

遠江一帯で武田勢と戦っていた元亀3（1572）年に、家康軍は天竜川を渡り西へ逃げ帰ることを余儀なくされた。その際、天竜川左岸の池田村が家康軍にだけ舟を提供して窮地を救った。後に天竜川の渡舟権について左岸の池田村と右岸の船越村が対立した際、家康は以前支援してくれた恩義から池田村に4分の3、船越村に4分の1の渡舟権を与え、池田村に感謝の意を表した。

天竜川は平素は二瀬に分離されており、東の流れを大天竜、西を小天竜と呼んだ。

家康は大天竜の渡舟権を全て東の池田村に与え、小天竜の渡舟権を折半とし、池田村と船越村は毎月15日で交代することとした。

空腹時に老婆が差し出した小豆粥（東海道丸子宿）

武田勢が駿河で地元民と小競り合いを繰り返していた頃、一人の若者が丸子の山伝いに逃げる途中、農家の老婆にしばしの休息と食べ物を求めた。老婆は暖を取らせ、鍋にあった小豆粥を差し出すと若者は礼を言って立ち去った。

この若者はその後、徳川家康と名乗り、駿府城に住むようになると、この老婆の親切に応えるため城内へ招き入れ、昔のお礼として小豆と徳川の川を合わせた「小豆川《しょうずがわ》」という姓を贈り、丸子宿周辺に広大な土地を与えた。

苗字と土地を授かった小豆川家では、今日までその土地で茶を栽培し、丸子の茶業に貢献し続けている。小豆川家近くを流れる川も小豆川と呼ばれ、一杯の小豆粥が家康の感謝を忘れぬ気持ちから、人と川の名となって永きにわたり語り継がれている。

関ケ原前夜の心遣い（中山道赤坂宿）

徳川家康は三河に生まれ、幼少期は今川義元の地・駿河で人質生活を送った。義元の死後は岡崎・浜松・駿府の城主となったため、東海道沿線での生活が長く、中山道との縁は比較的少なかった。しかし、天下分け目の戦いとなった関ケ原も、その前夜を過ごした赤坂宿（豊川市）も中山道であり、ここでもわずかではあるが家康のことは語られている。

赤坂宿では寺院を始め、各所に世話になり、その恩が忘れられなかったため、後に寺院に葵の紋を使用させた。また、西へ行く際には赤坂宿を利用する等、当地区を陰に陽に支援したと伝えられる。

このように家康の色々な場面での気遣い・心掛け・人間性が周囲の人々に感動を与え、結果的に家康の力となり、天下人にまで上り詰めた一因となっている。そのような他人想いの心はいつの世にも大切なことであり、各地で伝えていることは記憶にとどめ、後世に引き継ぎたいものである。

2 己を捨てた和宮の決断

安政5（1858）年の開国をめぐり朝廷と幕府の関係は急速に悪化し、その打開策として大老井伊直弼を中心に公武合体論が盛んになった。万延元（1860）年水戸浪士により井伊直弼が暗殺される（桜田門外の変）と、老中安藤信正・久世広周《ひろちか》が中心となり孝明天皇の妹・和宮親子《ちかこ》内親王を14代将軍家茂の御台所として迎えることを内定。和宮は国情を考慮し有栖川宮熾仁《たるひと》親王との婚約を破棄して、14代将軍家茂に降嫁する道を選択する。

実母観行院とともに文久元（1861）年10月20日に京を発ち、中山道経由で11月15日江戸九段の清水邸に到着という、25日間に及ぶ長旅であった。

「惜しまじな　国と民との　ためならば　身は武蔵野の　露と消ゆとも」と詠まれ、多くの人に感動を与えた。江戸への旅は当初東海道を通る計画で街道整備まで行ったが、神奈川宿周辺で異人と衝突したことが影響し、皇女和宮一行は中山道を下向し、嫁入道具だけが東海道を下ることとなる。

降嫁の旅は地域により随行・出迎え・人足数が異なるが、先頭から最後尾の通過まで4日程要した宿もある長大行列だった。急きょ本陣を普請したり、他街道から集めた人足を一畳に4人ずつ押し込めたりするなど、歴史的な大規模道中となった。

継立に要した具体数は定かでないが、人足延べ60～70万人、馬1万5000～2万疋で国内史上最大の「お嫁入り行列」といわれる。翌・文久2年2月11日に家茂との婚儀が行われた。家茂・和宮ともに17歳だった。

＊江戸へ向かう道中での胸中を詠われたものには
「遠ざかる　都と知れば　旅衣
　一夜の宿も　立ちうかりけり」
「思いきや　雲井のたもと　ぬぎかえて
　うき旅衣　袖しぼるとは」等がある。

深谷本陣に遺る和宮御下賜の草履

和宮が宿泊した岩波家庭園

和宮が宿泊した岩波家内部（下諏訪宿本陣）

宿駅における対応例（草津宿、10月22日ご昼食）

草津宿では、江戸に向かう和宮を迎えるため、10カ月前の文久元年正月から諸準備を開始。本陣・上段の間は御座所の修理、襖《ふすま》の張り替え、建具の取り替え等を早期に完了し、畳の入れ替えのみ直前に実施した。

街道整備は幅9尺、高さ1尺の置土《おきつち》で対応。人足は4日間で約1万4000人といわれ、待機用の筵《むしろ》として1万6000枚、馬への給水桶は10疋に1個とし、200個ほどを準備した。

皇女和宮降嫁の旅は、史上最大の嫁入道中として知られる。沿線各地は和宮の詠われた多くの歌を伝えており、その心境を考えると誰もが言葉を詰まらせるであろう。

複雑な政治情勢の中、日本の将来を考え、有栖川熾仁親王との婚約を廃棄して将軍のもとに嫁ぐ。この決断は当時の朝廷と幕府にとってはこの上ない喜びであり、感謝に堪えない話であった。まだ16歳ほどの若姫の身でありながら、国家の将来に想いを致したこの決断こそ、我が国女性史において最大の決断であり高く評価すべきと思われる。

一日も早く公武合体を成し遂げねばならぬという当時の複雑な政治情勢に巻き込まれ、さらに東海道神奈川宿周辺で異人とのトラブルが多発し国際問題も生じている状況下、江戸に行き武家社会に入る決断を称え、将来に伝えようという各地の気持ちがうかがえる。

降嫁の規模について紹介する案内は多いが、それとは別に当時の政情から和宮の心情まで詳細に伝える記述が随所に見られることは注目すべきことである。朝廷と幕府を結び付けようとした和宮の最終判断を称える趣旨と思われる。

日本史に永久に刻まれる和宮の決断と降嫁の旅は、正確に後世へと伝えたいものである。

3 自然の厳しさ・怖ろしさ

平成の2回の大震災で、本格的な地震対策議論が開始されたが、東海道沿線には地震・津波による街道の付け替え・宿駅の所替えが各地に見られ、そのことを伝える宿駅は多い。白須賀宿周辺は宝永4年（1707

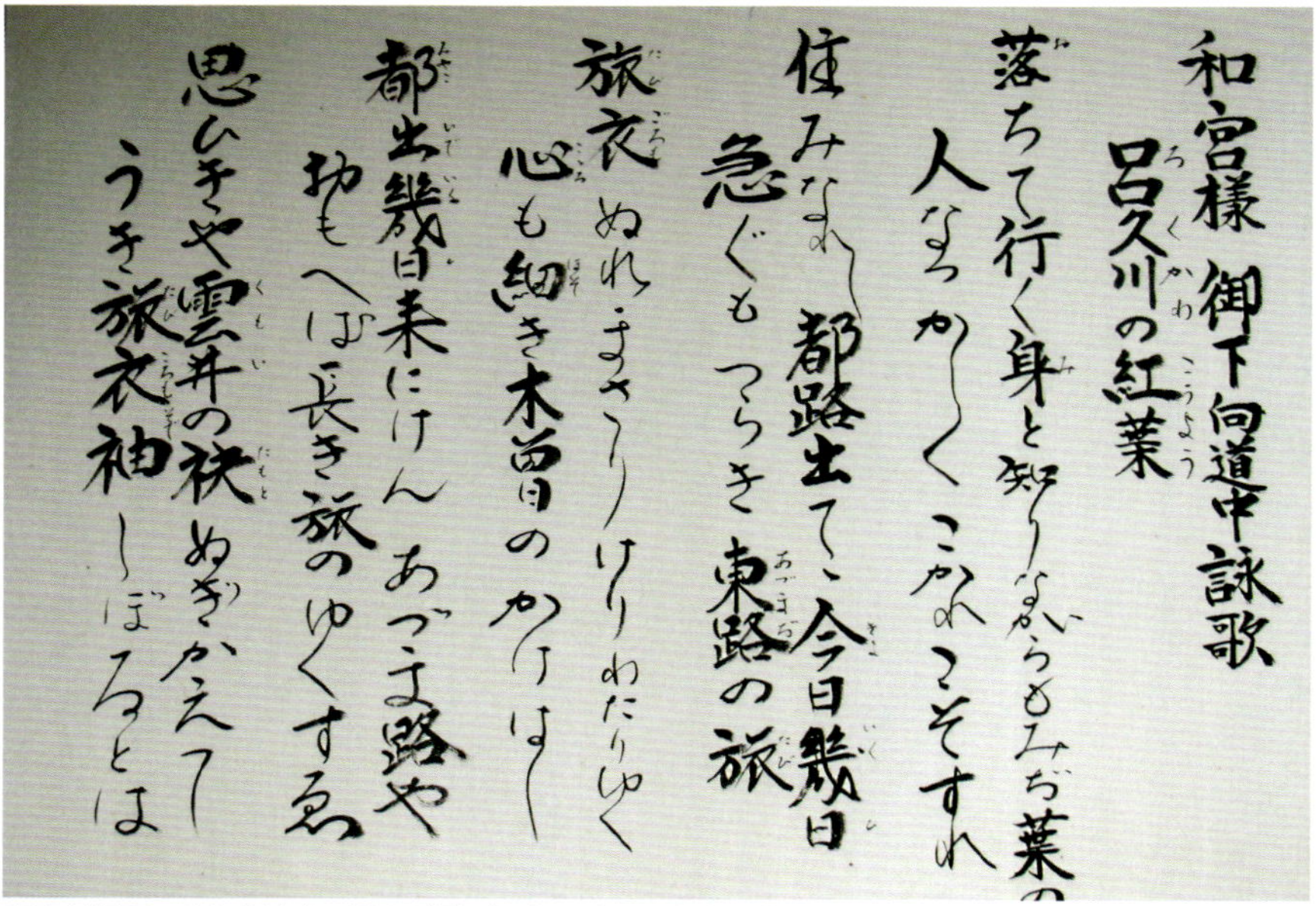

和宮が江戸へ向かう途中に詠んだ歌（呂久の渡し・中山道美江寺宿～赤坂宿）

年）の地震と津波で大きく被災し、東海道は海岸沿いから潮見坂上への付替えを余儀なくされ、また吉原宿は寛永16（1639）年の高波で海岸近くにあった元吉原宿から中吉原地区へ、延宝8（1680）年には高潮によってさらに海岸から離れた新吉原地区へと2度も所替えした。蒲原宿も元禄12（1699）年8月15日の高波で宿駅全体が被災し、翌年東海道と宿駅全体を山側に大きく移転させている。

このような自然災害の中でも、約500年前に舞坂～新居間の一里半に及ぶ陸地が地震・津波で全て流され、浜名湖と太平洋がつながったという東海道沿線の解説は最も衝撃的である。

浜名湖南部が決壊したことにより湖北まで海水が入り込み、その結果、浜名湖最深部の細江町まで米作が困難となり、止むを得ず塩分を含む土地でも可能なイグサ栽培に多くの農家が転じたという。

四方が海に囲まれた日本としては、海の怖ろしさは絶対に忘れてはならない。

太平洋の雄大で素晴らしい眺めに、つい海の怖ろしさを忘れがちになるが、各地で東海道移設や宿の所替えを詳細に伝えていることを考えれば、「海は時として牙をむく怖いもの」と警鐘を鳴らしていると受け止めることも重要である。

中山道は東海道とは異なり、海の恐怖は皆無であるものの、山岳地帯であるが故に、冬季の過酷さから行き倒れになる旅人も多く、自然を侮ってはいけない事実を伝えている。

両道は幅広く歴史を伝え、多くを学ぶことが可能で、実に奥深く有意義な街道であるが、さりげなく伝える注意事項を常に肝に銘じながら、これからの生活に活かしていく必要がある。

第2部 浮世絵と文学から見る街道文化

新田時也

前書き

私たちが営んでいる現在の生活様式は、過去からの歴史の積み重ねによって生み出されたものである。しかし、古今東西の歴史をつぶさに見ていくと、現代人には常識と思われている事柄が、かつては「当たり前」ではなかったという事実に出くわすことがよくある。過去の文献や絵画は単なる歴史的資料ではなく、現在の価値観を問い直すコンパスの役割を果たしている。古き昔を訪ねることで、私たちの生きるこの世界の在り様を再発見する。これこそが歴史を読み解く醍醐味といえるだろう。

第2部では、江戸時代後期に生きた人々の生活、特に食文化に着目する。浮世絵や戯作文学に描かれた当時の暮らしぶりが、日本の近代化に伴い、いかに変容していったのかを考察する。第1章では、文化・文政期（19世紀初期）に現れた「大江戸」の誕生の背景に触れる。第2章では、近代化以前の江戸の人々の生活・風俗を、歌川広重が描いた浮世絵と十返舎一九作『東海道中膝栗毛』を切り口にして眺める。第3章では、「近代化に伴う食文化の変容」をテーマに、東海道・由比宿（現・静岡県静岡市清水区）の名物が「サザエ」から「サクラエビ」へと変遷したプロセスを追う。

以上の流れは、著者が普段、大学生を対象に行っている「体験型の歴史教育」の内容に準じている。歴史を読み解くには、その時代に生きた人々と、同じ空気に触れることが肝要である。そのため、授業では教科書的な解説に留まらず、絵画や文学作品を豊富に用いて、当時の生活ぶりとその変容を講じている。その手法を本稿でも取り入れ、豊富な図版から時代の移り変わりを繙《ひもと》いていきたい。

最後の第4章では、まとめとして、筆者の授業を受講した学生の意見を紹介する。過去体感した学生たちは、どのような「問い直し」を行い、いかなる「世界」を再発見したのか。読者の方々が歴史を読み解く際のヒントとなれば幸いである。

第1章　大江戸の誕生—化政文化—

化政文化とは

「文化年間」（1804～1818年）と、それに続く「文政年間」（1818～1830年）を合わせて「化政期」と称する。この時代は、都市としての「江戸」を中心に、町人文化が最盛期を迎えた。具体的には、浮世絵、滑稽本、歌舞伎、川柳、落語（噺・咄・はなし）、相撲、花火等、いわゆる娯楽文化が栄えた時代であり、華やかさの中に享楽的な特質を持つこの時代の文化を「化政文化」と呼んでいる。

中でも歌舞伎は、江戸の庶民の娯楽の花形であった。『東都名所　猿若町芝居』は、化政文化を代表する浮世絵師・歌川広重が描いた当時の歌舞伎の芝居小屋の様子で、見せる側・見る側の大熱狂がこちらにも伝わってくる。ここに描かれている「猿若町《さるわかまち》」は、天保年間（1830～1844年）、当時の老中、水野忠邦が主導した「天保改革」の政策によって生まれた。改革によって奢侈禁止・風俗粛正が成された際に、「中村座」（堺町）、「市村座」（葺屋町）、「河原崎座（森田座）」（木挽町）の「江戸三座」が浅草聖天町に移され、その地を「猿若町」と名付けたのである。この町は明治初年まで、歓楽街として繁栄した。

また、「中村座」では、文政8（1825）年、化政文化を代表する歌舞伎作家・四代目鶴屋南北作『東海道四谷怪談』が初演されたが、出世欲を満たすため、妻の岩を毒殺する伊右衛門の姿には、化政文化の享楽的な特質に加えて、退廃的な雰囲気も感じ取ることができよう。

化政期の江戸

化政期の江戸には、政治・経済・文化の中心が上方（京・大坂）から移り、日本一の繁栄を極めた巨大都市「大江戸」が誕生した。なぜ、中心が移ったのかについては次節で詳述するとして、本節では、化政文化を代表する滑稽本作者・十返舎一九作『東海道中膝栗毛』の「発端《はじまり》」の冒頭を読み解くことで、化政期の「大江戸」の様子を眺めてみる。なお、一九と『膝栗毛』については、次章の冒頭で詳述する。

武蔵野の尾花がすゑにかゝる白雲と詠よみしは、むかしむかし浦の苫屋とまや、鴫しぎたつ沢の夕暮に愛めでて、仲の町の夕景色をしらざる時のことなりし。今は井の内に鮎を汲む水道の水長とこしなへにして、土蔵造の白壁建つゞき、香の物桶、明俵あきだはら、破れ傘の置所まで、地主唯は通さぬ大江戸の繁昌、他国の目よりは、大道に金銀も蒔ちらしあるやうにおもはれ、何でもひと稼と心ざして出かけ来るもの、幾千万の数限りもなき其中に、生国は駿州府中、栃面屋弥治郎兵衛といふもの、（後略）

十返舎一九作『東海道中膝栗毛』（文化11年）

要約すると次のようになる。1810年代初めの江戸は、「むかしむかし」の「武蔵野の尾花」や「白雲」がのどかな頃とは違い、「仲の町の夕景色」（吉原遊郭の不夜城）が盛んな大都会となっている。「水道」インフラが整備され、物流拠点である「土蔵造の白壁」が立ち並び、「地主唯は通さぬ」ほど、空き地もなく、土地利用が進んでいる「大江戸の繁昌」。江戸は、「大江戸」となり、現在の大東京の基が作られている。

「他国」の者は、「大江戸」で「何でもひと稼」と心得て、「幾千万」も「大江戸」に集まり来ている。「大江戸」は人口の大集中により大消費地となり、「大道に金銀も蒔ちらしある」ほどに、ビジネス・チャンスに恵まれている土地であるからだ。その中に、一九作『東海道中膝栗毛』の主要な登場人物のひとりである「駿州府中」（現・静岡県静岡市）の出である「栃面屋弥治郎兵衛」も見受けられる。

さて、『東海道一 五十三次 日本橋』は広重が描いた「日本橋」である。この日本橋の情景と合わせて、上記の『膝栗毛』の内容を見ていこう。注意しておきたいことは、一九と広重の活躍した時代には20年程度の開きがあり、『膝栗毛』は1810年代初めの「江戸」

「東都名所 猿若町芝居」歌川広重　［静岡市東海道広重美術館蔵］
大勢の人々が詰めかけた歌舞伎の芝居小屋。演じる者と見る者の熱狂が伝わってくる

「東海道 一 五十三次 日本橋」歌川広重　［静岡市東海道広重美術館蔵］
東海道の起点となった江戸・日本橋。行商人や女性など、さまざまな人が行き交っている

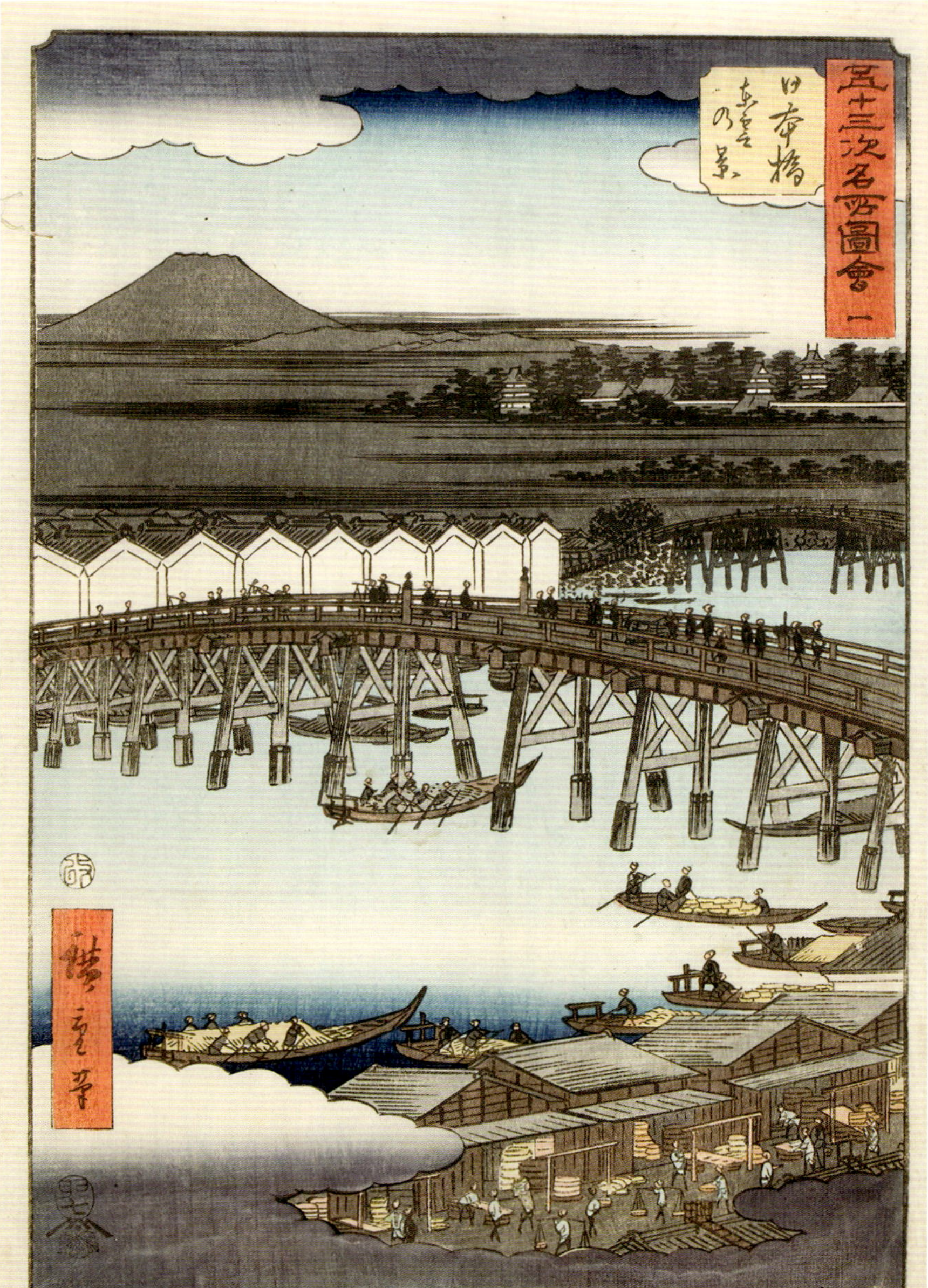

「五十三次名所圖會 一 日本橋 東雲の景」歌川広重［静岡市東海道広重美術館蔵］
日本橋を中心に、背景に富士山と江戸城、手前には魚河岸が広がっている

を舞台に、浮世絵は1830年代初めの「日本橋」の情景を題材に描かれていることを承知しておく必要がある。

『膝栗毛』の記述を踏まえつつ、浮世絵を見ると、次のように解釈できる。浮世絵の向こう側に「富士山」、右に「江戸城」(現在の皇居)が描かれている。中央の「日本橋」には、「他国」の者と思われる人々が、行き交っている。「日本橋」が架けられている「日本橋川」は、神田川から分流し、隅田川に合流している。「日本橋川」沿いには、「土蔵造の白壁」が立ち並んでいる。「土蔵造の白壁」の向かいには、「魚河岸」がある。『五十三次名所圖會 一 日本橋 東雲の景』も広重画で、先ほどの絵と、ほぼ同じ構図である。絵の下部には、同じく「魚河岸」が描かれている。二つの浮世絵と『膝栗毛』に見受けられるように、19世紀初頭には、江戸は確かに「大江戸」に成長していた。

「大江戸」の誕生—仕掛け人 田沼意次—

慶長8(1603)年、徳川家康が江戸幕府を開いた時代に、政治の中心は江戸に移った。しかし、経済と文化の中心は上方のままであった。化政期より100年程度前の「元禄年間」(1688~1704年)に栄えた「元禄文化」も、中心は江戸ではなく、京・大坂(現在の大阪)であった。豊臣秀吉以来、大坂は瀬戸内の海運物流や淀川の舟運によって豊かな物資で栄え、「天下の台所」と呼ばれるほどの、日本経済の中心地だった。また、御所のある京では朝廷文化が花開いた。

その上方で栄えた町人文化が、元禄文化である。代表的な人物として、大坂で活躍した浄瑠璃作者の近松門左衛門、浮世草子・人形浄瑠璃作者の井原西鶴らがいる。

当時、幕府の念願は、いかに経済と文化の中心を上方から江戸に移し、掌握するかという点にあった。その事業を成し遂げ、江戸を「大江戸」に成長させる発端を開いた政治家が、老中・田沼意次《おきつぐ》であると、著者は考えている。彼は、八代将軍・徳川吉宗の主導による享保の改革後、重商主義政策を展開したことで知られている。

重商主義政策は、商人の自由な経済活動を許可し、差額を幕府が取得する。意次が行った具体的な政策として、明和９（１７７２）年に行った「南鐐二朱銀《なんりょうにしゅぎん》」の創鋳・発行が挙げられる。

当時、国際通貨としての「銀」（銀貨）が上方で通用しており（銀建、銀遣い）、江戸では「金」（金貨、小判）を商取引に通用していた（金建、金遣い）。銀貨と金貨の交換は重さ（秤量《ひょうりょう》）で取引されており、上方の経済力が強いと、金貨が銀貨によって買い取られた。その結果、多くの金貨が上方に流れ込むことになり、江戸の経済力は疲弊から脱却することが困難な状態であった。現在、使われている「銀行」という言葉は、当時、「銀貨」が経済を動かしていたころの名残であろう。

この経済状況にメスを入れたのが意次である。彼は「南鐐二朱銀」を流通させることで、銀貨と金貨の重さによる取引を、固定ルートの取引に変更した。この政策によって、金貨の価値は守られ、金貨が上方へ流出することを防ぐばかりか、逆に国際通貨の銀貨を江戸に取り込むことに成功した。「南鐐二朱銀」の表には、「以南鐐八片換小判一兩」と刻印がなされている。これは南鐐二朱銀8枚で、小判1枚と交換できるという意味である。当時の貨幣は四進数で単位が変わり、金貨は「一両＝四分＝十六朱」とされた。幕府は南鐐二朱銀1枚を、一朱金2枚分と同じ価値と定め、レートの変動を防いだのだ。

江戸への銀貨の流入量が高まるとともに、経済的に潤い始めた江戸の周辺地域には、新たな地場産業が誕生した。足利（現・栃木県）の絹織物、流山（現・千葉県）の味りん、野田（現・千葉県）の醤油等である。これにより、江戸を中心とした経済圏が成立し、次第に上方を凌駕していくことで、「大江戸」の基が出来上がったのである。以上により、とかく日本史上では「賄賂《わいろ》政治家」として悪評が高い意次ではあるが、日本経済史上においては特筆すべき功績があると、著者は評価している。

剣菱酒造（稲寺屋）のロゴマーク

さて、興味深いものが、前掲（71ページ）の『東海道一五十三次 日本橋』の右下に描かれている。永正2（1505）年、伊丹で酒造りを始め、現在まで続く「剣菱《けんびし》酒造（稲寺屋《いなでらや》）」のロゴマークである。

19世紀初頭、江戸は「大江戸」となり、大消費地として栄えた。上方からは、質の良い商品が江戸に向けて、下ってきた。

当時、「上方」が「上」であるので、上方から江戸に向かうことを、「下《くだ》る」と言っていた。特に上方でも、剣菱酒造（稲寺屋）の清酒は良質で有名であり、浮世絵に描かれるほどである。このように良質の清酒は、上方から「下る」ものなので、「下り酒」（諸白《もろはく》。清酒のこと）と呼ばれていた。質の悪いもの、粗悪な商品は江戸に下ることもなく、現在では、「くだらないもの（下らないもの）」の語源となっている。

それほど、大江戸の繁昌は、上方を凌ぐものとなった。19世紀初頭に誕生した「大江戸」は、大東京への基を確かに築き上げたといえる。

【浮世絵師・歌川広重】

江戸の定火消の同心である安藤源右衛門の長男とし

「広重死絵」三代歌川豊国
［静岡市東海道広重美術館蔵］

て生まれる。幼名徳太郎。いわゆる、下級武士の出である。父の死後、同心職を継ぐが、15歳の時、浮世絵師・歌川豊広に師事。後に豊広の一字「広」を譲り受け、「広重」の画号を名乗る。1830年代始め、37歳の頃、東海道の宿場とその周辺の風景を叙情性豊かに描いた浮世絵木版画『東海道五拾三次之内』（保永堂版東海道）が好評を博し、名所絵師として名声を得る。安政5（1858）年、画業の集大成としての連作浮世絵名所絵『名所江戸百景』（魚屋栄吉版）の制作中に没する。前ページの浮世絵は、美人画に優れた三代目歌川豊国が描いた、「広重死絵」である。

【清酒・剣菱】

永正2（1505）年、稲寺屋（現・剣菱酒造）が伊丹で創業する。寛文元（1661）年、幕府の直轄領であった伊丹が貴族藤原氏の嫡流である五摂家筆頭・近衛《このえ》家の領地となる。領主となった近衛家は、酒造業を大いに後援し、贋物が出回ることを防ぐために精密な焼印を原産保証の印とし、伊丹の酒造水の領外持ち出しを禁止するなど、伊丹酒の品質の維持と向上に尽力した。その結果、卓越した品質に〝近衛家お墨付き〟という高貴なブランド力が加わり、伊丹酒は「極上酒」の名をひとり占めすることになる。時は下り、昭和4（1929）年、白樫政雄により「剣菱酒造」が設立される。政雄は、灘（住吉）の酒蔵で酒造業を開始。水を西宮から船で運び、それをトロッコで蔵の中へと引き込んで剣菱を造り始めた。このとき、剣菱が〝伊丹の酒〟から〝灘の酒〟へと生まれ変わった。

兵庫県伊丹市にある「清酒発祥の地」記念碑

【老中・田沼意次】

父意行は、第五代紀州藩主、吉宗（後の第八代将軍・徳川吉宗）の小姓であった。吉宗が第八代将軍に迎えられた際に、随行して江戸城入りし、新参旗本に取り立てられた。意次は享保4（1719）年、意行の長男として生まれた。幼名、龍助。吉宗の長男・徳川家重（後の第九代将軍）の小姓となり、元服して名を「意次《おきつぐ》」に改めた。寛延4（1751）年、吉宗の死去に際し、意次は御側御用取次役に昇進、次々と領地を与えられ、宝暦8（1758）年には相良《さがら》（現・静岡県牧之原市相良）に領地を与えられて、一万石の相良藩主となる。

相良藩主となった意次は、家重の死後、家重の長男である第十代将軍・徳川家治にも厚く用いられ、明和6（1769）年、榛原・城東二郡内に5000石を加増され、老中格となった。安永元（1772）年にも、三河国額田《ぬかた》・宝飯《ほい》・渥美三郡内に5000石を加増され、終に老中となる。意次は20年近く幕閣として国政を担うが、天明6（1786）年、老中依願御役御免となる。翌年、石高2万7000石を召し上げられ、蟄居《ちっきょ》。この明和から天明までの時代を、世に「田沼時代」と呼ぶ。天明8（1788）年、江戸で死去。

第2章 大江戸時代における街道の旅

『膝栗毛』の誕生

本章では、前章でも触れた『膝栗毛』の記述から、当時の街道の様子を詳しく見ていく。『膝栗毛』は『東海道中膝栗毛』の略称であり、十返舎一九（本名・重田貞一）が著した滑稽本である。一九は、駿河国（駿州）府中（現在の静岡県静岡市葵区）で町奉行の同心の子として生まれた。静岡市葵区両替町一丁目には、生誕の地の碑が建っている。

まずは、一九が『膝栗毛』を著すまでの経緯を眺めてみよう。府中で幼年期を過ごした一九は江戸での武家奉公後、大坂へ移り、大坂町奉行に仕えた。しかし、ほどなく浪人し、浄瑠璃作者となる。

十返舎 一九、生誕の地の碑
（著者撮影）

寛政6（1794）年には江戸へ戻り、版元（当時の出版社）である蔦屋《つたや》重三郎の元で、用紙の加工や挿絵描きなどを手伝う。翌年、重三郎の勧めで黄表紙『心学時計草』を出版。文才だけではなく、作画の才も発掘したという。そして、記念すべき『膝栗毛』の初版は、享和2（1802）年。直後からヒットし、文化11（1814）年まで出版が続く。10年以上にわたる大ベストセラーであり、一九は当時の流行作家（戯作者）であった。

次に紹介するのは、『膝栗毛』の前書きに当たる「膝栗毛発端序」である。

膝栗毛発端序
鬼門関外莫道遠《きもんかんがいとおしということなかれ》、五十三駅是皇州《これこうしゅう》、といへる山谷《さんこく》が詩に拠《よ》て、東海道を五十三次と定《さだめ》らるよしを聞《きけ》り。予此街道に筆をはせて膝栗毛《ひざくりげ》の書を著《あらわ》す。元来野飼の邪々馬といへども、人喰馬にも相口《あいくち》の版元太鼓をうつて売弘《うりひろめ》たる故、祥《さいわい》に乗人《のりて》ありて、編《へん》数《すう》を累《かさ》ね、通し馬となり、京大阪および芸州宮島までの長丁場を歴《へ》て、帰《かえり》がけの駄賃に、今年続5篇、岐蘇路《きそじ》にいたる。弥次郎兵衛喜多八の称《な》、異国の龍馬にひとしく、千里の外に轟たれば、彼等が出所を問ふ人有、依《よつ》て今その起《おこ》る所を著し、東都を鹿島立《かしまだち》の前冊《ぜんさつ》とし、おくれ走《ばせ》に曳出《ひきいだ》したる、馬の耳に風もひかさぬ趣向のとつて置を、棚からおろして如斯《かくのごとし》

于時《ときに》文化　甲戌初春

十返舎一九志

※原文は歴史的漢字表記であるが、一部、現代的漢字表記に変更

「膝栗毛発端序」には、「于時文化」「甲戌初春」とあることから、最後の出版となる文化11（1814）年の作であることがわかる。『膝栗毛』が「元来野飼の邪々馬」（先がどうなるかわからない）であったが、「人喰馬」（人気者）になることが出来たのも、「版元太鼓をうって売弘」（出版社の大宣伝）が功を奏した結果であり、今では「通し馬」（トップを走る）として「今年続五編」を著すことになったと記されている。版元の大宣伝のお陰としているが、登場人物の弥治郎《やじろ》兵衛《べえ》と喜多八《きたはち》、二人の強烈な個性がヒットした第一の要因であろう。

『膝栗毛』の「累解」には「弥治唯の親父」と著されている。しかし、読み進めていくうちに、弥治郎兵衛は駿州府中の生まれであり、大店《おおだな》の呉服屋の息子であることが明らかになる。

喜多八は「駿州江尻の産」（現・静岡市清水区の生まれ）で、旅役者の弟子であり、「串童《かげま》」と設定されている。「串童」（陰間）とは、男色を売る少年のことである。やはり、読み進めていくと、弥治郎兵衛は喜多八に思い入れが過ぎて身上《しんしょう》（財産）を使い果たし、江戸に出奔する。二人とも駿州の生まれという設定は、一九が駿河国（駿州）府中の生まれによるものだろう。

次節以降では、当時の浮世絵も利用しながら、『膝栗毛』を読み解くことで、大江戸の時代の生活を紹介

「道中膝栗毛 小田原泊り」 歌川広重　[静岡市東海道広重美術館蔵]
小田原宿で五右衛門風呂の底を抜いたエピソードを描いた浮世絵

してみたい。ちなみに、上の浮世絵は、『膝栗毛』の中でも有名な、小田原宿で五右衛門風呂の底を抜いたエピソードが描かれている。五右衛門風呂の中で下駄を履いている方が喜多八、右端で驚いているのが弥治郎兵衛である。内容は割愛するが、関心があれば『膝栗毛』小田原宿の箇所をご一読いただきたい。

ビジネス・チャンスの「大江戸」

本節では、蒲原宿（現・静岡市清水区蒲原）外れの木賃宿で、弥治郎兵衛と喜多八が一騒動を起こす場面を紹介する。

木賃宿とは何か?まずは、82ページの浮世絵『五十三次 藤川』をご覧いただきたい。障子に「木ちん宿」とある。「ちん」は賃金の「賃」、「木」は燃料のことである。つまり、木賃宿とは、薪の代金を支払い、食事の支度を旅人自身が行うシステムの宿を指す。

たゝみの四五でうもしかれよふといふ内にて、ぶつだん一ツと、やぶれつゞらひとつのしんだい、あるじは七十ちかきおやぢ、いろりのきはにわらをなっている。じざいにてつるしあるなべに、なにかぐつ〳〵にへるそばに、六部がひとり、じゅんれいふたり、一人は六十余のおやぢ、一人は十七八のむすめ、（中略）あるじのばゞはいろりのなべをおろし

ばゞ「サア粥ができた。みんなくひなさろ

弥二（弥治郎兵衛）「ソレハあつたかでよかろふ

ばゞ「インネ、こんたしゆのことじやアござらぬ。コリヤアこのしゆのかいだアよ

順礼「イヤけふもらつた米《こめ》ア、しいなばつかしたんとあつて、そして半分は石ころだアのし

十返舎一九作『東海道中膝栗毛』（文化11年）

弥治郎兵衛は粥を食べようとしたところ、「あるじのばゞ」に止められた。米は順礼（巡礼者）が持参したものだったからだ。木賃宿のシステムがよくわかる箇所である。

なお、このくだりと次ページの浮世絵を比べると、木賃宿の内部の構造がよくわかる。「たゝみの四五でう」（4～5畳の空間）の真ん中に、囲炉裏があり、「じざいにてつるしあるなべ（鍋）」が吊るしてある。これは自由自在に上げ下ろしができる鍋で、「じざい」と呼ばれている。

浮世絵に描かれているのは、藤川宿の木賃宿であるが、先述の蒲原宿の描写と同じく、「あるじのばゞ」らしき老女が描かれている。その左には、赤天狗を背負った旅人がいる。「金比羅詣」に間違いないが、右の二人は孫娘を連れた順礼の一行であろうか。いろりの側でキセルを吹かせている旅人は、六部（巡礼僧に見える。

六部が失敗したビジネス

六部とは「六十六部」の略で、法華経を六十六回書写して、一部ずつを六十六カ所の霊場に納めて歩いた巡礼者のことである。なぜ、六十六なのかというと、江戸時代、日本には六十六の国（地域）があったためである。彼らは背に仏像を入れた厨子《ずし》を背負い、鉦《かね》や鈴を鳴らして米銭を請いながら、諸国を回り歩いた。

84ページの浮世絵は、四日市を描いたものである。図の中央から橋を渡ってくる一行が、「六部」と思われる。先述した『五十三次　藤川』で「木賃宿」の部

「五十三次 藤川」歌川広重［静岡市東海道広重美術館蔵］
食事の支度を旅人自身が行う「木賃宿」の様子が描かれている

屋の右奥に立てかけられている縦長の箱が「厨子」であろう。
　次に紹介するのは、木賃宿で同宿になった弥治郎兵衛と六部の会話である。

六部「……おゐど（江戸）で、てんこちもない目にあつたアもし(とんでもなくひどい目にあいました)
弥二「どふしなさつた（どうしましたか）
六部「……六部になつた因縁（動機）のウかたり申べいが（お話しますが）、ヤレ扨《さて》人といふもなアはあ（人間というものは）、運がなくちやア（運が無いと）、もちあげべいにも、あんとしてなづきやアあがり申さない（頭角を現せないものです）。……わかい時分におゐどに居中たが（若い頃、江戸に住んでいたが）、そのときあんでもハア（そのころ）、夏のとつつき（夏の初め）から秋へぶつかけて（秋にかけて）、毎日毎日、づなく風のふいたことがあり申た（強い風が毎日吹き荒れていたことがありました）。其じぶんハアあんでも金儲のウすべいとつて（そのころビジネス・チャンスを見つけて金儲けをしたいと）、いろ〳〵首さアひねくりまはいて（いろいろとアイデアをめぐらせて）、とつけもないことをおもひついたアもし（すばらしいアイデアを思いつきました）」
弥二「はての（何ですか）」
六部「イヤサ箱屋をおつぱじめ申たは（「箱屋」というビジネスをはじめました）
　十返舎一九作『東海道中膝栗毛』（文化11年）

『膝栗毛』が著された19世紀初頭には、アイデアひとつでビジネス・チャンスをつかむことが出来る「大江戸」が現出していたようである。六部が語る「箱屋」とは何であろうか。

六部「あにが重筥《じゅうばこ》だアの櫛箱だアのと、いろいろ箱共を、づなく（たくさん）かいこんで賣《う》るつもりだアもし
　十返舎一九作『東海道中膝栗毛』（文化11年）

様々な箱を買い込んで売りさばくビジネスが、六部

「東海道五拾三次 四日市」歌川広重　［静岡市東海道広重美術館蔵］
中央に旅する女性たち。奥からは六部らしき一行が橋を渡ってくる

が語る「箱屋」とのことである。なぜ、箱屋を始めようと考えたのであろうか。六部のアイデアを要約すると、次の通りである。

とひやうもなく風がふいて、おゑどではがい（大いに）に、砂ぼこりがたち申す　↓　人さアの目まなこへ、砂どもがふきこんで、眼玉のつぶれるもの（眼病）が、たんと出來る　↓　せけんの俄盲《にわかめくら》（出生後に眼病となる）が、……みんな三味のウならはしゃる　↓　三味せんやどもが繁昌して、せけんの猫どもが打殺されべい　↓　鼠どもがづなくあれて（ネズミがあふれて）、……せけんの箱どものウ、みんなかぢりなくす（ネズミが箱をかじる）

十返舎一九作『東海道中膝栗毛』（文化11年）

つまり、「江戸で強い風が吹く」↓「砂が目に入り、眼病を患う」↓「眼病を患った者は、三味線で生計を立てる」↓「三味線に猫の皮が使われるので、猫がいなくなる」↓「猫がいなくなると、ネズミが大発生する」↓「ネズミがすべての箱をかじってしまう」という筋書きを六部が思いつき、箱を買い込んで「箱屋」ビジネスで金儲けを目論んだということである。

六部「目の前（当然）だアもし……箱屋商のウおつ初めたらうれべいこたアちがいはない（売れるに決まっている）……身上（財産）ありぎり、箱どものウ仕入た

十返舎一九作『東海道中膝栗毛』（文化11年）

前代未聞のアイデアでビジネス・チャンスをつかむはずの六部であるが、その結果は果たしていかなるものだったか。

六部「イヤひとつもうれましない（まったく、売れない）。……發起のウして（祈願して）、六部になり申た。兎角（とにもかくにも）世かい（世の中）は、おもふようにやアならないもんだアもし（アイデアが実らないものですよ）

十返舎一九作『東海道中膝栗毛』（文化11年）

「風が吹けば、桶屋が儲かる」を下敷きにしたと思われる「箱屋」ビジネスのアイデアである。一九は当時のビジネスの風潮を、滑稽に描いている。アイデア勝負に懸けたものの、江戸に集まった人々の中にはビジネス・チャンスを逃して、六部のように路頭に迷った人間も数多くいたに違いない。喜多八が六部の懺悔を聞いて、「ハア感心（感服）なおはなしだ」と結んでいるところが、なんともまた滑稽であるし、人間の生き方の哲学ともとらえることができるだろう。

「お参り」の大流行

江戸時代は「順礼」も盛んだった。「巡礼」とも表記され、読んで字のごとく巡礼者のことである。『東海道五拾三次 四日市』（84ページ）に描かれる、橋の中央の女性一行がそれであろう。この時代、女性の順礼も多く見受けられた。手に柄杓《ひしゃく》を持ち、道すがら、柄杓の中に金銭や食料を施行《せぎょう》（恵む）してもらうことで、巡拝を成す。前々節で紹介した木賃宿のシーンでも、順礼が米を施行してもらい、宿で粥を作って食べたことが描かれている。

この時代の巡礼の代表例として「伊勢参り」や「金毘羅詣」が挙げられる。

伊勢参りは、現在の三重県伊勢市にある伊勢神宮（皇祖神である天照大神《あまてらすおおみかみ》が祭神）へお参りをすることであり、江戸時代の中期以降、大坂（現在の大阪）の町民の間で盛んになった。

浮世絵に描かれた「伊勢参り」には、子どもたちの集団が多く見受けられる。同じく『東海道五十三次　四日市』には、橋を渡ろうとする子どもたちの集団がいる。道すがら施行を請うため、手には柄杓が握られている。当時は、子どもたちの集団が、旅人から金銭を強引に奪い取る悪行も多く見受けられた。そのため、「伊勢参り」は世間から「子どものギャング集団」として受け止められていたようである。

「金毘羅詣」は、讃岐（現在の香川県）琴平町にある金毘羅大権現の金刀比羅宮《ことひらぐう》を崇敬する信仰である。「日本大百科全書」によると「室町初期以降、瀬戸内の海上交通の発達とともに、その信仰は広く航海、漁労関係者の間に広がり、江戸時代に入ってからは、廻《かい》船《せん》の発達で、全国に金毘羅権現が勧請《かんじょう》され、金毘羅講を組織しての金毘羅詣が全盛を極めるに至った」とある。つまり、瀬戸内海の航行の安全祈願が、商売繁盛の信仰につながったということである。

赤天狗の面と白装束が、金毘羅詣のスタンダードな習俗（スタイル）である。天狗は金毘羅大権現の眷属《けんぞく》（使者）とされていて、天狗の面を背負うことで安全に「金比羅詣」を成すことができると信じられてきた。「赤」は、おそらく、「白装束」の「白」との対比で、選ばれているのであろう。

前掲の『五十三次　藤川』（82ページ）には赤天狗を背負った、白装束の巡礼者が描かれている。このように、19世紀初頭の江戸時代には、様々なかたちのお参りが盛んであった。

巡礼の奇妙な罪滅ぼし

では、ここで『膝栗毛』の記述を見てみよう。前節で紹介した六部の失敗談の後に、順礼である「六十余のおやぢ」が「懺悔ばなし」を語るシーンがある。

「六十余のおやぢ」には、仏縁で結びついた一人の孫（17〜18歳）がいる。二人は、日光（栃木県）に住んでいて、日光は、「雷がたくさん（多く）」の土地柄だという。これから語られる話は、「此三十年ばかしもあと」（今から30年も前）が発端のようである。

六十余のおやぢ「ふと（ある）夏でかく（おおいに）雷がなり申て、わしどもがせどぐち（玄関口）さアへ、おつこちた」

六十余のおやぢ「雷どのが、榎のかぶつちい（株）で、でかく（強く）尻をうち申て、疝気《せんき》（下腹部の痛み）がおこつた」

十返舎一九作『東海道中膝栗毛』（文化11年）

「雷どの」が玄関口に落ちてきたのだが、その先が榎の株だったので、尻を打って、痛みが出たという。何ともコミカルな話だが、得体の知れない奇妙さもある。「雷どの」は、その後、どうなったのか。

「天ぢく（天竺。インド方面）のウ帰るべいこともできない」ので、「六十余のおやぢ」の家で「養生」していたところ、「わしどもの娘とがらい（とてもねんごろ（仲良く））」なってしまって、終には、「雷どのをむこにとつた（入り婿）」。

「むこ」となった「雷どの」は、夕立のアルバイトを頼まれて、「ふと（ある）夏上がた（上方。京大阪）さアへかせぎ（仕事）に行とつて、出たなりけり（戻ってこない）」。

「六十余のおやぢ」の「娘はおつぱらんではいるし（妊娠している）」、便りも無く、あれこれ心配していると、「友達の雷どの」からの知らせでは、「むこ」の「雷どの」は、「熊野のうら（熊野灘）へおつこちて、鯨にがら、（おおきく）呑れた（飲み込まれた）」とのこと。おおいに嘆き悲しむが、「娘」はキット、「鬼子でもうみおるべい」ことであるから、その子に「親雷の跡（後継）を、つがせべい」と期待して、「鬼の子をうむよふにと、氏神さま（地元民が共同で祀る神）へ願のウかけて（願掛け）」祈ったのだけれども、「因果（悪行の報い）なこたア生まれた子が此娘」。「鬼はうまず、しかもこんな満足な、人間の子」が生まれたのも、「よくよくの因果（前世の悪行の報い）だとあきらめて、罪亡しにこりよヲつれて順礼とおもひたつた」。

「」内は、十返舎一九作『東海道中膝栗毛』（文化11年）

「雷どの」を婿に取り、娘が産む子が「鬼子」であってほしいと願うナンセンスさとあわせて、因果の罪滅ぼしに順礼を発心したという謙虚さが、なんとも滑稽である。前節は六部の「因縁」が、本節では順礼の「因果」が描かれ、お参りに旅立つ人々の心情がよく分かる。このような人々の信仰心が、お参りを大流行させたのであろう。

「各地の名物」食べ歩き

今も昔も、旅の楽しみといえば、各地の名物を味わうことである。本節では、東海道・中山道の名物となり、現在もその伝統が受け継がれている料理・菓子を紹介したい。

◆鞠子宿の「とろゝ汁」

前節の蒲原宿を後にした弥治郎兵衛と喜多八は、安倍川を渡り、「鞠子《まりこ》（丸子）」宿に着く。名物「とろゝ汁」を注文した二人を待っていたのは、すさまじい夫婦喧嘩であった。

「女房」の要領を得ない段取りに不満を持つ「てい主」は、ついに、「女房」を「すりこ木」で叩きつける。「女房」も負けてはいない。「女房やつきとなりて」『すりばちをとつてなげる」。

背中の子どもも、大泣きをしているのだろう。「すりばちをとつてなげる」のであるから、「そこらあたりへとろゝがこぼれる」。「てい主」も負けじと「すりこ木をふりまわして、立かゝり」すれども、「とろゝ汁にすべつて、どつさりところぶ」。

「女房」も「てい主」を「つかみかゝりしが」、やはり「女房」

とろろ汁が名物の丁子屋

「東海道五十三次之内 鞠子」歌川広重 ［静岡市東海道広重美術館蔵］
茶屋でとろろを味わう旅人。看板には「名ぶつとろろ汁」の文字が見える

も「とろゝにすべりこける」。となりの「かみさま」が仲裁に入るが、いつもの夫婦喧嘩と思いきや、とろろだらけの家の中で、「かみさま」も転ぶ。「かみさま」は、「コリャハイ、あんたることだ」と嘆く中、「三人がからだ中、とろゝだらけに、ぬるぬるして、あつちへすべり、こつちへころげて、大さわぎとなる」。どたばた喜劇の原点である。
弥二「こいつははじまらねへ」と、店を飛び出す。

「」内は、十返舎一九作『東海道中膝栗毛』（文化11年）

鞠子宿の名物「とろゝ汁」を題材にした滑稽な騒動であるが、一躍、江戸でも鞠子宿は「とろゝ汁」が名物との評判が立ったに違いない。次ページの絵の右下には、「とろろ汁」騒動が描かれている。よほど、有名な話であったようだ。

この話の中で、一九は喜多八に「爰《ここ》はとろゝ汁のめいぶつだの」と言わせている。『東海道五十三次之内鞠子』に描かれている茶店の看板にも、「名ぶつとろろ汁　一ぜんめし　酒　さかな」とある。現在でも、鞠子（丸子）は、「とろゝ汁」が名物であり、老舗料

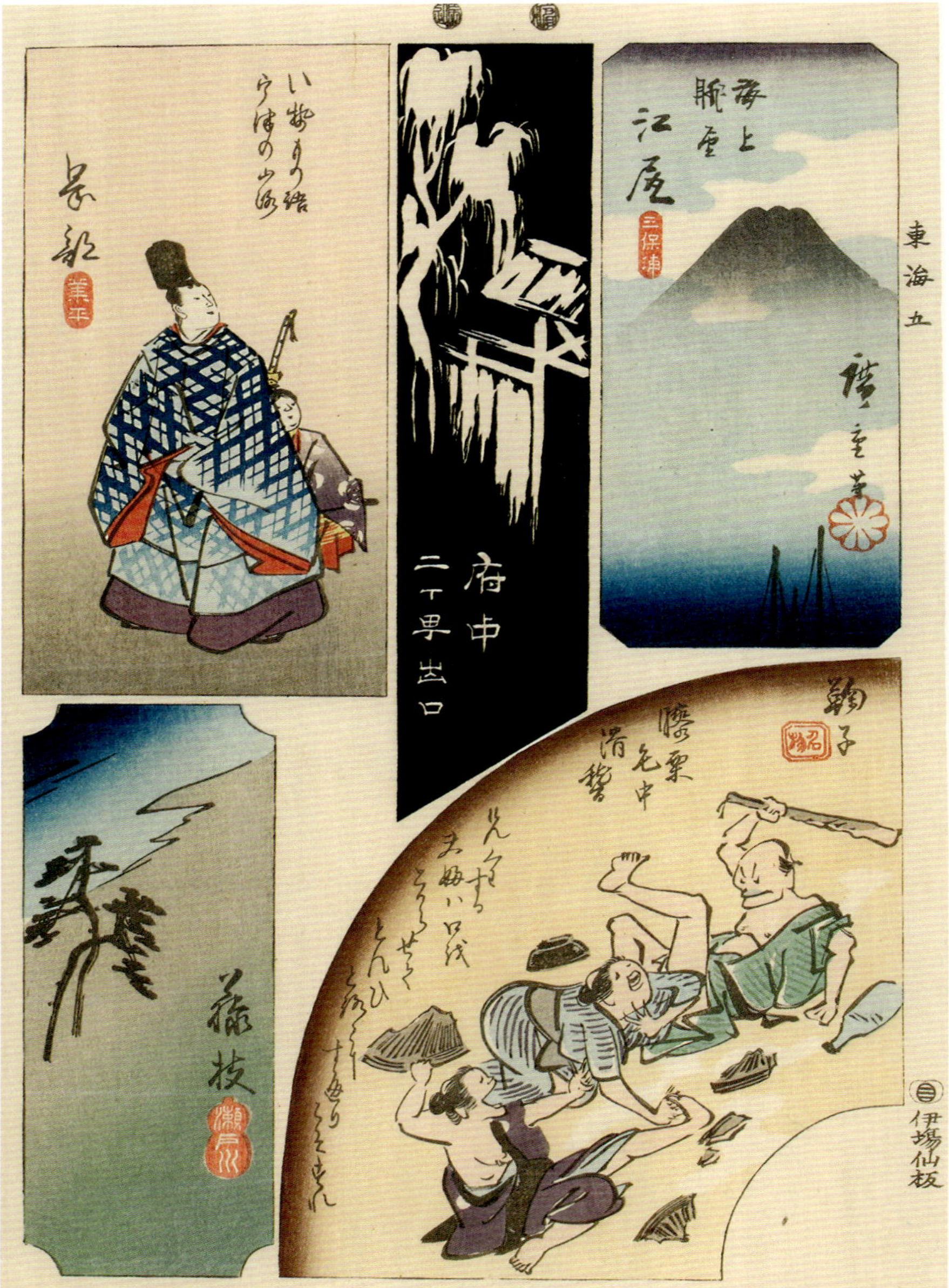

「東海道張交圖會 東海五 江尻 府中 鞠子 岡部 藤枝」歌川広重［静岡市東海道広重美術館蔵］
右下に『膝栗毛』に登場する「とろろ汁」騒動が描かれている

理屋の「丁子屋《ちょうじや》」では、とろろ汁・麦めし・味噌汁等のセット料理が提供されている。

◆小田原宿の「ういろう」

「ういろう」は漢字で「外郎」と書く。小田原、名古屋、山口で有名な和菓子であるが、実は薬でもあると言えば、驚かれるに違いない。

此しゅく（小田原宿）のめいぶつういろうみせちかくなりて
北「ヲやこゝの内は、屋根にでへぶでくまひくまのある内だ
弥二「これが名物のういろうだ
北「ひとつ買て見よふ。味《うめ》へかの
弥二「うめへだんか。頤《あご》がおちらあ
北「ヲヤ餅かとおもつたら、くすりみせだな
弥二「ハヽヽヽ、こうもあろふかういろうを餅かとうまくだまされてこは薬じやと苦《にが》いかほする」
十返舎一九作『東海道中膝栗毛』（文化11年）

要約すると、小田原宿の「でくま（凸）ひくま（凹）のある内（店）」に、「ういろう」との看板が掲げてある。和菓子と思い込んだ弥治郎兵衛と喜多八は、さっそく、味見をしようと店に入る。しかし、ここは「くすりみせ（薬販売店）」でもあった。

「ういろう」を餅と勘違いした二人は、「こは薬（これは薬、粉薬にかけている）」と「苦（にが）いかほ（顔）」をしたと狂歌に詠む。粉薬の苦さと、餅ではなかった苦々しさをかけたのである。

この店は永正元（1504）年、北条早雲に招かれ、小田原の地で「くすりみせ」を開業した小田原外郎家（株式会社 ういろう）である。現在でも小田原から箱根への上り口にあり、凹凸の建物が印象的な店である。

ういろうは漢字で「外郎」と書く。同社によると、「外郎」は中国元朝の官僚・陳延祐《ちんえんゆう》に由来するという。陳延祐は順宗の元で礼部員外郎《れいぶいんがいろう》として仕えたが、元が明に滅ぼされると筑前博多（現在の福岡県福岡市）に亡命し、名を陳外郎《ちんういろう》と改めた。彼は医術に詳しく、息子の代になると明から持ち帰った丸薬「透頂香《とうちんこう》」を製造するようになる。透頂香は外郎家で作られたことから

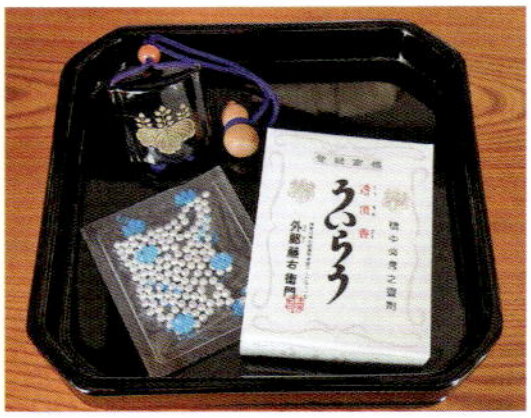

左上：お菓子のういろう

右上：外看板と透頂香

左下：小田原外郎家（株式会社ういろう）店舗外観（八棟造り）

右下：薬のういろう（透頂香）

「ういろう」とも呼ばれたという。

また、外郎家は朝廷の接待用菓子も考案しており、こちらは「お菓子のういろう」として親しまれた。このような経緯があり、薬とお菓子がともに「ういろう」の名を称するようになったという。

◆由比宿の「さとうもち」

『膝栗毛』には、「餅」についての記述が多い。『膝栗毛』の由比宿の箇所には、次のようなくだりがある。

由井（由比）のしゆく（宿場）につくと、両がは（両側）よりよびたつるこへ（呼びたてる声）ちやや女「おはいりなさいやアせ。名物さとうもちよヲあがりやアせ。しよつぱいのもおざいやアす（ございます）。お休なさいやアせ〱

「さとうもち」は砂糖だけでなく、しょっぱい（塩辛い）ものもあったようだ。「さとうもち」は現在、「たまご餅」として、春《はる》埜《の》製《せい》菓《か》（大正15年創業）でのみ製造・販売されている。

◆弥勒の「安倍川餅」

「安倍川餅」は、静岡市の西部、安倍川手前の弥勒《みろく》の名物である。きな粉、こしあんで包まれた餅で静岡の代表的なお菓子・お土産品となっている。

一九作『膝栗毛』が成立した頃には、「安倍川餅」は「五文取り」と呼ばれていた。

……ほどなく弥勒といへるにいたる。爰《ここ》は名におふあべ川もちの名物にて、両側の茶屋、いづれも奇麗に花やかなり
ちゃや女「めいぶつ餅をあがりヤアし。五文どりをあがりやアしゝ

十返舎一九作『東海道中膝栗毛』（享和3年）

当時、餅は一個が二～三文であったが、安倍川餅は砂糖を使っていたので値が張り、一個五文で売られていた。これが「五文取り」の由縁である。一文は現在の価値でおよそ20円から30円とされる。

砂糖が使われるきっかけは寛政6（1794）年、当時の代官の下、駿河一円に砂糖作りを目的として、甘蔗《かんしょ》の栽培が開始されたことによる。全国的にも、はじめての試みであったようである。

結果、享和年間（1800年代初頭）以降、弥勒で砂糖を使った餅である「安倍川餅」が生まれたと考えられる。この時期は、ちょうど『膝栗毛』の誕生の頃と重なり、当時の新名物として愛されたのであろう。

当時はきな粉餅として知られていたようであるが、現在ではこしあんの餅も販売されている。先述の石部《せきべ》屋《や》は文化元（1804）年の創業であり、まさしく安倍川餅が全国に広まる過程とともに歴史を歩んできた老舗である。

◆熊谷宿の「五家宝《ごかぼう》」

きな粉の香りが香ばしい「五家宝」は、「草加煎餅せんべい」「川越の芋菓」とともに、埼玉三大銘菓の一つといわれている。由来は諸説あるが、文政年間（1818～1830）に「五嘉棒」の名で売り出されたのが始まりとされる。中山道の宿場町として栄え、

熊谷宿の「五家宝」

弥勒の「安倍川餅」（石部屋）

五平餅（わらじ型）提供／恵那市観光協会

由比宿の「たまご餅」（春埜製菓）

市も開かれていた熊谷では、五家宝の原料となる「石原米」と称する良質の米がよくとれた。さらに田畔《たくろ》（あぜ）できな粉となる大豆が豊富に作られており、水飴の原料となる大麦も多く収穫されたという。「五嘉宝」「五箇宝」といった字が当てられていたが、「五穀は家の宝である」という祈りを込めて現在は「五家宝」と表記されている。今もなお、昔から継承されてきた独特の手作り技法によって、熟練した職人の腕や勘に頼りながら、家内工業的に作られている。

◆五平餅

五平餅はうるち米をわらじの形に整えて串焼きにした料理である。東美濃から長野の木曽・伊那、愛知の奥三河にかけての一帯で、郷土の味覚として親しまれている。わらじ型のみならず、だんご型、きりたんぽ型などバリエーションも豊富で、タレはたまり醤油や味噌が多い。クルミ、落花生、ゴマをすりつぶして隠し味にすることで、香ばしさを引き立たせている。名前の由来は「樵《きこり》の五平が、山の中で食べる温かい食べ物として創作した」という説や、「わらじ型の形が神事に用いる御幣《ごへい》に似ているから（御幣餅）」という説などがある。

◆中山道の「栗菓子」

【川上屋】

和菓子には、その土地、その環境の中でしか生まれなかった菓子が多くある。その一つが「栗きんとん」である。中山道・中津川の川上屋は、元治元（1864）年創業。当初は駄菓子屋として豆菓子・せんべい・飴などを販売していたが、中津川は秋になると栗が豊富にとれることから、明治の中頃に山栗を使った「栗きんとん」が創作された。大正期になると、栗の栽培も盛んになり、大きな栽培栗が主に使われるようになった。

【すや】

元禄年間（1688〜1704年）、江戸の武士・赤井九蔵により「酢屋」が開かれた。当時から中津川宿の「酢」は、中山道でも有名であったらしい。明治になり、酢店から菓子店に商売を変更。店名を「すや菓子舗」とし、金平糖、おこし、源氏豆等の駄菓子を中山道沿いの村々に卸していった。明治の終わりに、小豆餡を使わない栗ばかりのきんとんが考案され、現在も多くの人に愛されている。

◆草津宿の「うばがもち」

東海道と中山道との分岐点・草津宿は、「うばがもち」で有名な宿である。由来については諸説があるが、そのうちの一つを紹介する。

永禄12（1569）年、織田信長に滅ぼされた近江の守護代・佐々木義賢の三歳になる曾孫は、乳母の「福井との」に託された。とのは郷里の草津に身を潜め、幼君を抱いて住来の人に餅をつくっては売り、養育の資として質素に暮らした。そのことを周囲の人たちも知り、乳母の誠実さを感じて、誰いうことなく「姥《うば》が餅《もち》」と言いはやしたという。

徳川家康が大坂の役に赴いた際、とのは餅を献じた。家康は「これが姥が餅か」と問いつつ、長寿を喜び、その誠実な生き方を称えたという。凱旋後、家康は再び駕籠を草津で止めたため、以来、公卿や諸大名も必ずここで餅を求めたという。家康の威光のおかげか、とのは102歳まで生きたとも伝えられている。
うばがもちの独特な形は、とのが幼君に奉じた乳房を表しているという。風雅な姿と味は草津名物として脈々と受け継がれ、明治時代の唱歌「鉄道唱歌」にも歌われている。

三十八
彦根に立てる井伊の城　草津にひさぐ姥ケ餅《うばがもち》
かわる名所も名物も　旅の徒然《とぜん》のうさはらし

草津宿の「うばがもち」

川上屋の「栗きんとん」

すやの「栗きんとん」

第3章 東海道における食文化の変遷

次節以降、その様子を眺めてみたい。

サザエの食文化の時代

まずは、江戸時代における、由比の食文化を当時の資料から読み解いていく。

以下は、一九作『膝栗毛』で、「由井宿」の西にあ

広重が描いた「由井」と現在の「由比」

前章では、東海道・中山道において今もなお続く食文化を紹介した。しかし、東海道の宿の中には、江戸後期と現代で食文化が大きく変化した地域もある。本章では近代化に伴って起こった、江戸期から現在までの食文化の変容を追う。

具体的なケースとして、由比（現・静岡県静岡市）の名物が「サザエ」から「サクラエビ」に変容した事例を取り上げる。

『東海道五拾三次之内　由井　薩埵嶺』（98ページ）は19世紀中頃、広重が描いた「由井」の風景である。下の写真はそれから150年後、21世紀初頭の「由比」である。広重の浮世絵との決定的な違いは、海岸沿いに伸びる東名高速道路の存在だろう。この東名高速道路の建設が、由比の食文化に大きな変化をもたらした。

現在の由比

「東海道五拾三次之内 由井 薩埵嶺」歌川広重［静岡市東海道広重美術館蔵］
東海道の難所・薩埵峠から見た光景。駿河湾の向こうに富士山が見える

「東海道 十七 五十三次 由井」歌川広重 ［静岡市東海道広重美術館蔵］
海が目の前に広がる倉沢の宿周辺。右下の看板に「名物さゝいの壺焼」とある

る「倉沢の宿」へたどり着いた場面である。作中において、当地の食文化は次のように描かれている。

それより由井川（由比川）を打越、倉沢といへる立《たて》場《ば》（人足《にんそく》や駕籠《かご》が旅人を待つため休息していた場所）へつく。爰は鮑栄螺《あわびさざえ》の名物にて、蜑人《あま》（魚介を獲り、製塩を生業《なりわい》にする者）すぐに海より、取來りて商ふ。
爰にてしばらく足を休めて
爰もとに賣るはさゞゐの壺焼や見どころおほき倉沢
の宿

十返舎一九作『東海道中膝栗毛』（文化11年）

「倉沢の宿」は薩埵峠《さったとうげ》の東側のふもとにあった。現在の静岡県静岡市清水区西倉沢である。ここは「鮑栄螺」が名物で、「さゞゐの壺焼」が売られていたようだ。

次に、『東海道 十七 五十三次 由井』を見てみよう。倉沢の宿の立場で、「さゞゐの壺焼」を売る茶店の様子が描かれている。看板には「名物さゝいの壺焼」とある。倉沢の宿には岩場が続いていたので、サザエが名物の食文化が発達したのであろう。

次ページの浮世絵は原・吉原・蒲原・由井・興津の5地域の名物を紹介しているものである。中央に由井の紹介があるが、こちらにも「くら沢 名ぶつ さゝゐのつほ焼 由井（立場）」と注釈がある。

また、『東海道五十三對 由井』に「蜑人《あま》」が描かれている。左上には、次のような注釈がある。

由井
薩埵山東の麓西倉沢の茶店にて栄螺鮑を料理て價《か》ふ
なり
この茶店富士を見わたし三保の松原手にとるごとく
道中無双のけしき
此ほとりの賤の女出汐をくミあるハ鮑を拾ふて な
りハひとす 由井

「薩埵山東の麓 西倉沢の茶店」とは、前述した茶店のことであろうか。現在も、このあたりは、「西倉沢」と呼ばれる地域である。

西倉沢から薩埵山を越えると、興津の宿となる。一九作『膝栗毛』の「倉沢の宿」の続きには、興津の

「東海道張交圖會 東海四 原 吉原 蒲原 由井 興津」 歌川広重 ［静岡市東海道広重美術館蔵］
中央に由井の名物・サザエが描かれ、「くら沢 名ぶつ さヽゐのつほ焼」と紹介されている

「東海道五十三對 由井」歌川国芳［静岡市東海道広重美術館蔵］　由井の海女が描かれ、説明文には「薩埵山東の麓西倉沢の茶店にて栄螺鮑を料理て價ふなり」とある

宿の様子が次のように描かれている。

それより薩埵峠を打越、たどり行ほどに、俄《にわか》に大雨ふりいだしければ、半合羽打被き、笠ふかくかたぶけて、名におふ田子の浦、清見が關の風景も、ふりうづみて見る方もなく、砂浜に踏込し足もおもげに、やうやく興津の駅にいたり、（後略）

十返舎一九作『東海道中膝栗毛』（文化11年）

つまり、「この茶店」がある西倉沢は、「富士を見わたし三保の松原手にとるごとく道中無双のけしき」と言う最高に景観の良いところであり、薩埵峠近くが、「名におふ田子の浦」「清見が關《せき》」なのである。

奈良時代初期の歌人である山部赤人が詠んだ歌、「田子の浦ゆ うちいでてみれば 真白にそ 富士の高嶺に雪は降りける」は、おそらく興津～蒲原宿の辺りであろう。

サザエの壷焼に加え、富士や三保の松原の景観が楽しめる「西倉沢」は、確かに「見どころおほき倉沢の宿」である。弥治郎兵衛と喜多八も、大いに感服し、満喫したことであろう。

このサザエの壷焼は、昭和37（1962）年に東名高速道路（東京IC—静岡IC間）の工事が始まる頃まで、当地の名物であり続けた。しかし、工事によって西倉沢の岩場が埋め立てられると、サザエ漁も次第に低迷していく。それに伴い、由比の名物は「サザエ」から「サクラエビ」へと移り変わっていった。

サクラエビの発見
—郷土料理「沖あがり」の誕生—

本節では、明治時代となり、「サクラエビ」が由比周辺の名物になっていった経緯を見ていきたい。「サクラエビ」を使った代表的な郷土料理である「沖あがり」の誕生についても紹介していく。資料は主に、大森信・志田喜代江編著『さくらえび 漁業百年史』（静岡新聞社）による。

サクラエビ漁は、現在、駿河湾に面する蒲原と由比周辺における主要な漁業となっている。ところが、このサクラエビは、明治初期に偶然発見されたものであったらしい。明治27（1894）年12月の夜、由比

サクラエビとは

「サクラエビ」（学名：Sergia lucens）は、体長5㎝足らずの遊泳性の甲殻類である。一生は、約15カ月。産卵は6月ごろから始まる。駿河湾一帯に生息しているが、台湾の南部や、近年では、長崎・五島列島沖に生息していることが確認された。西日本での発見は初めてという。今後、「駿河湾」をはじめ、「台湾の南部」に続く〝第三の漁場〟として、五島列島沖が開発される可能性もあるという（静岡新聞・2019年2月23日付）。

撮影／依田崇彦氏

町今宿の漁業者である望月平七と渡邊忠兵衛の所有の漁船が、富士川河口（由比沖説もあり）へアジ船びき網漁に出かけた。その際、たまたま浮樽《カンタ》を積み込むことを忘れたため、網をそのまま海中に入れた。沈むに任せていた網を引き上げると、一石（180リットル）ものサクラエビが獲れていたという。サクラエビ発見に関する逸話は諸説あるものの、偶然の産物であった

由比の郷土料理「沖あがり」
提供／桜えび・磯料理 くらさわや

「沖あがりでサクラエビ漁の大漁を祝う」（松永宝蔵画）
平成 7（1995）年、「サクラエビ漁業 百周年」を記念して描かれた「沖あがり」の様子

釜揚げ作業

出漁の準備

干し場の風景

サクラエビの水揚げ

ことは間違いないだろう。

サクラエビは天日干しをすると、桜色となり、風味も香ばしい。サクラエビの発見後、この新魚種の漁に従事する漁業者は急速に増えていった。サクラエビ漁は由比・蒲原周辺の駿河湾の主要な漁業となり、海浜に敷き詰めた「莚《むしろ》」の上に干しサクラエビが広げられる美しい風景は、当地の風物詩として知られるようになっていく。右ページの写真は、やや時代は下るが、昭和30年代のサクラエビ漁の様子を伝えるものである。

このサクラエビを使った由比の郷土料理が「沖あがり」である。

昭和10年頃（1930年代）、船元は漁から戻った漁師のために、朝風呂を準備してもてなす習慣があった。この時、船元はサクラエビを豆腐や葱とともに醤油味で煮た料理を準備し、酒や菓子ともに振る舞った。漁師たちはお清めと明日への英気を養うため、船元宅に集まったという。

現代の「沖あがり」は、生のサクラエビと木綿豆腐、葉ネギを、醤油、砂糖、酒、味りんで煮込んで作られる。当地では「沖あがり」以外に「サクラエビのかき揚げ」「サクラエビご飯」「サクラエビの炒り煮」など、様々な料理法が開発され、地元の味として親しまれている。

近代化に伴う食文化の変容

昭和37（1962）年、東名高速道路の工事で「西倉沢」の岩場が埋め立てられた。この影響で、江戸時代から続いてきたサザエ漁は低迷を余儀なくされた。

戦後まもなく、由比で創業した「桜えび・磯料理くらさわや」の現店主・渡辺一正氏は、次のように語る。

「東名高速道路を建設するため、旧由比町の海岸はすべて埋め立てられました。当店も最初は海岸沿いにあったのですが、これを機に高台に移転することになったのです」

現在の「くらさわや」は、薩埵峠の近くの旧東海道沿いにあり、サクラエビ料理を主に提供する料理屋となっている。ここで同店提供による写真3点を紹介したい。いずれも東名高速道路の工事が着手される前の貴重なものである。

写真①は、昭和20年代に撮影されたと思われる、駿河湾と富士山の光景である。東海道線付近から東方面を撮影している。写真奥の建物は旧「桜えび・磯料理くらさわや」店舗である。

写真②は、昭和38年に撮影された光景。中央の建物が「くらさわや」の旧店舗である。すでに東名高速道路の建設工事が始まって、海岸が埋め立てられている様子が確認できる。

写真③は、旧店舗前の海中にあった「鵜の岩」である。岩にはロープがかかっている。この岩の下に生簀のカゴがあり、アワビ・サザエを活かしていた。必要に応じて、カゴから出して料理していたという。

高速道路建設によって岩場が埋め立てられ、江戸時代から続いたサザエ漁が姿を消した。これらの写真からも、日本の近代化に伴い、由比の食文化が変質を遂げていった様子が見て取れる。

近代化の波は、サクラエビ漁にも変質をもたらした。『さくらえび 漁業百年史』によれば、昭和43（1968）年、富士・由比バイパス（海岸道路）建設によって、サクラエビ干し場を失う蒲原町（当時）の河口業者に対し、建設省（当時）は、日軽金（現・日本軽金属蒲原製造所。アルミニウムを生産）の自家用水力発電所放水路から富士川河口の間の砂浜を整備して、サクラエビの干し場として使用することになった。

富士・由比バイパス（海岸道路）建設の以前にも、サクラエビの干し場を巡り、様々な対立や衝突が起きていた。

以下、静岡新聞からの抜粋である（時系列順）。

現在の「桜えび・磯料理 くらさわや」

「干し場を取られた桜エビ
由比海岸堤防工事にふさがれて」

【清水発】サクラエビで名高い庵原郡由比町（中略）これまでサクラエビや網の干し場であった海岸砂浜がことし七月中旬から始まった由比海岸堤防工事のテトラヤード（テトラポッドを作るところ）に半分を使用しているため、暮れから来春にかけての採漁期にはいれば加工業者と漁民が残ったわずかの干し場をめぐって紛争を起こしかねないと関係者は心配している。（後略）

昭和37（1962）年10月19日・朝刊

① 昭和 20 年代と思われる写真。東海道線のすぐ脇に駿河湾が広がっている

② 昭和 38 年の様子。東名高速道路の建設工事により、海岸が埋め立てられている

③「くらさわや」旧店舗前にあった岩場。アワビ・サザエを活かすための縄が見える

積極的に自粛運動 県、サクラエビ業者らが協議
非衛生な線路ぎわ乾燥

【清水】東海道線の列車から落下する汚物が、庵原郡由比、蒲原両町の海岸線に干してあるサクラエビにかかり、衛生上思わしくないと問題になったが、県衛生部では一日、清水保健所に両町役場、商工会、サクラエビ業者、婦人会などの代表を招き対策を協議した。（中略）

地元業者としては、（中略）また最近では東名高速道路の工事などで海岸の干し場が減っているため、業者の中には乾燥機を購入するものが多く、機械乾燥が普及している。（中略）協議の結果、今後役場、業者、婦人会などを通じて、積極的な自粛運動を広め、完全な衛生状態で地元産業を伸ばして行くことを申し合わせた。（後略）

昭和39（1964）年5月2日・朝刊

地域の近代化は、サクラエビの干し場を巡って複雑な問題を引き起こしてきた。現在の干し場は、富士川の河口にあり、サクラエビ漁の季節（春漁は3月中旬〜6月初旬、秋漁は10月下旬〜12月下旬）になると、干されたサクラエビの「赤じゅうたん」が、冠雪の富士山と相まって、絶好の風景を醸しだす。その美しさは、地元における観光資源の一つとなっている。

以上、東海道の食文化の変遷について、由比宿を実例にして紹介した。江戸期に描かれた浮世絵や文芸作品からは、当時の人々の生活が分かるだけでなく、現代の社会を知る一助となることがお分かりいただけたのではないだろうか。宿場町を旅する際は、当時の歴史とともに、現在の人々の暮らしぶりにも注目していただきたい。

現在のサクラエビ干し場である富士川河口（静岡新聞提供）

広重をテーマにした美術館

国内には浮世絵師・歌川広重にちなんだ美術館が4つある。初めて広重の名を冠して開館した「静岡市東海道広重美術館」、岐阜県の「中山道広重美術館」、山形県の「広重美術館」と「那珂川町馬頭広重美術館」である（2019年4月1日現在）。ここでは、そのうち、東海道と中山道に関連の深い2館を紹介する。

静岡市東海道広重美術館

平成6（1994）年、東海道の宿場町「由比宿」の本陣跡地である、由比本陣公園内に開館した。広重の代表的な東海道シリーズ『東海道五拾三次之内』（保永堂版東海道）、『東海道五十三次』（隷書東海道）、『東海道五十三次之内』（行書東海道）

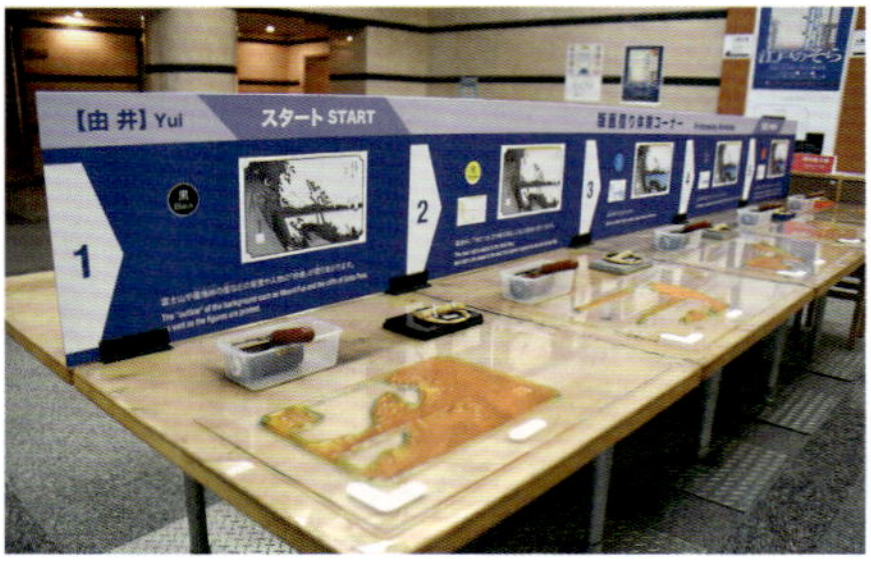

版画体験コーナー

の他、晩年の傑作『名所江戸百景』など、風景版画の揃物の名品を中心に約1400点を収蔵。館内には大展示室、小展示室の他、浮世絵の基礎知識、ガイダンスルームがある。エントランスホールには、浮世絵版画摺りの技術をやさしく理解できる版画体験コーナーが設置されている。

入館料　平成31（2019）年4月1日現在

	個人	団体（20名以上）
一般	510円	410円
大学生・高校生	300円	240円
中学生・小学生	120円	100円

※未就学児、静岡市内の小中学生、70歳以上は無料
※障害者手帳等の掲示により、本人及び同伴者1名様は無料

開館時間
午前9時～午後5時（入館は午後4時30分）

休館日
月曜日（祝日の場合は翌平日）、年末年始

小展示室

大展示室

浮世絵の基礎知識の展示

ガイダンスルーム

静岡市東海道広重美術館の外観

中山道広重美術館

恵那市には旧中山道が通り、その中心である大井宿は、美濃16宿の代表的な宿場町として栄えていた。その繁栄を取り戻そうと恵那駅周辺の再整備事業が進められ、総仕上げとして、平成13（2001）年9月、中山道広重美術館が開館した。恵那市内の浮世絵収集家から寄贈された、広重の浮世絵版画を中心に展示。中山道の街道文化を生かした市民の自主的・主体的な活動と呼応したまちづくり活動の展開に努めている。

第4章 絵画と文学から見る生活の変容

「東海道五拾三次 二川」歌川広重［静岡市東海道広重美術館蔵］
人々は雨の中を、蓑を着て走っている。当時、傘は貴重品であり、蓑がポピュラーな雨具だった

これまで浮世絵と『膝栗毛』を切り口にして、東海道・中山道の文化を考察してきた。絵画と文学作品を併せて眺めることで、江戸時代後期を生きた人々の姿が生き生きと伝わってきたのではないだろうか。本章ではまとめとして、「絵画」と「文学」のコラボレーションから、現代の私たちは何を学び取れるのかを考えてみたい。

著者は、本務校（東海大学）で授業科目「人文科学」を担当し、「絵画と文学からみる生活の変容」をテーマに講義をしている。講義の終わりには毎回、履修した学生にアンケートを取っている。その中に、次のような感想を寄せた学生たちがいた。

「浮世絵というと昔のこと、古いものが描かれていると思っていた。しかし、実際に見てみると、今の私たちでも笑ってしまうような内容がたくさんあった。

「東都名所 日本橋之白雨」歌川広重 ［静岡市東海道広重美術館蔵］
雨が降り注ぐ日本橋を、蛇の目傘をさしながら渡る人々が描かれている

昔の時代にも、今と同じような笑いのツボがあったのだと思うと感動した。反対に今の時代では考えられないような内容もたくさんあり、おとぎ話を聞いているように感じる部分もあった」

「（浮世絵を見て）当時の旅人の多さに驚いた。また、今は旅といえば観光を指すが、当時はお参りなど、様々な目的があったことにも驚いた。特に金比羅参りは専用の服装があることを知り、おもしろさを感じた」

「私の一番印象に残っている一枚は、吉原の絵である。身を隠してまでも吉原に行く男の姿からは、欲に勝てない人間の本性が伝わってきた。また、吉原は美しく描かれてはいるものの、現実には女の悲しみと苦しみを含んだ場所であったことは間違いないように思う」

歴史をつぶさに見ていくと、今も昔も変わらない価値観を発見することが多々ある。その反対に、現代では常識だと思われていることが、過去には「当たり前」

「名所江戸百景 愛宕下薮小路」歌川広重　［静岡市東海道広重美術館蔵］
しんしんと降り積もる雪の中を、傘をさして歩く。奥には蓑を身に付ける人もいる

ではなかったことに気付くこともある。これは第2部の前書きで述べた通りである。これらの感想を寄せた学生たちは、浮世絵や文学作品から過去の世界を学ぶことで、自分たちが生きるこの世界の在り様を再発見することに成功したといえる。

最後に一つ、浮世絵を通じて過去と現代を相対化できる好例を紹介したい。

現代に生きる私たちにとって、「傘」は雨天時の必需品であるが、江戸時代はそうではなかった。『東海道五拾三次 二川』は、雨が降っているのに、傘をさしていない。蓑《みの》を着て、走っている。

当時、「傘」は貴重品であった。傘は濡れると破れてしまうので、人々は雨が降っても「傘をささない」「外出を控える」といった方法で対処した。しかし、まれにではあるが、『東都名所 日本橋之白雨』や『名所江戸百景 愛宕下藪小路』のように雨や雪が降った時に傘をさす場合もある。また、『五十三次 戸塚』のように、天気の良い時は「日傘」として使用することもあった。

このように、過去の人々が残し伝えたものから、私たちは現代の生活との相違点・共通点を垣間見ることができる。

この視点に気付くことができた時、旅はより豊かなものになるであろう。

「五十三次 戸塚」歌川広重 ［静岡市東海道広重美術館蔵］
晴れの日に、日傘をさして街道を行く女性たち

静岡市東海道広重美術館蔵

街道のファッション

No.1

参勤交代の服装

（東海道五十三次之内　日本橋）

執筆者：中澤 麻衣（P118 ～ P137）

参勤交代という言葉は誰もが聞いたことがあるだろう。大名を1年交代で江戸と国元の間を往復させ、妻子は江戸に留め置き人質とする大名統制策である。

幕府は参勤交代を通して全国の治安維持を目指し、東海道や中山道をはじめとする五街道を整備した。参勤交代は費用がかさみ、各大名の財政を圧迫したが、文化の発達などさまざまな方面に影響を及ぼした。

東海道の出発地点である日本橋を舞台にした「保永堂版東海道　日本橋」では、まさに大名行列の早朝の出立の様子が描かれている。開かれた木戸は、見る者の視線を中央に誘導する。あえて真正面から日本橋を描くことで、一行が続々とこちらへ向かってくる臨場感を余すところなく伝えている。

本稿では参勤交代の際の武士の服装について解説したい。参勤交代は臨戦態勢が取れるように武器、武具を携帯し、一定の兵員を同行させるある種の旅行であった。道中は長旅のため、裃《かみしも》などの礼服ではなく極めて軽装であった。

大名行列はその家の格によってさまざまであるが、通常は前駆、前軍、中軍、後軍、荷駄という形態で編成された。前駆には金紋先箱、槍持ちなどが続く。この道具によってどこの大名家か判断が出来ていたとされる。本図でも先頭を先箱や毛槍を持った者たちが歩く。

その後ろには主君の警備のため、打裂羽織《ぶっさきばおり》と裁付袴《たっつけばかま》を身に着けた徒士《かち》が続く。打裂羽織は背縫いの下半分が大きく割け、帯刀に便利だったとされる。

裁付袴は、袴の膝下部分が脚絆《きゃはん》のようにすねに密着するように作られたものだった。すねの背面をコハゼ5、6個で留めたものや、紐止めのものもあった。

本図の徒士は日除けのために一文字笠《がさ》をかぶっているが、これは深さがないのが特徴で、主に武士が旅行するときに被ったものだとされる。本図では描かれていないが、その後ろは大名の駕籠《かご》を馬回り・近習などが固め、草履取り・傘持ち・茶坊主・騎馬などが続いていた。

嘉永6（１８５３）年の黒船来航により開国を迫られると、幕府は日本全国の軍備増強と海岸警備を目的とし、参勤交代を3年に1度と頻度を下げる。しかしこれがかえって幕府の弱体化を露呈させることとなった。元治元（１８６４）年の禁門の変の後、幕府は参勤交代制度を元に戻すことを試みるが、すでに幕府の権威は失墜しているに等しく、これに従わない藩が多くあった。慶応3（１８６７）年、大政奉還と共に参勤交代は消滅した。

静岡市東海道広重美術館蔵

街道のファッション

No.2

男性の旅装束

（木曽海道六拾九次之内　軽井沢）

軽井沢といえば、今日では避暑地のイメージが強い。しかし、かつては中山道随一の難所・碓氷峠を越え、信濃に入る最初の宿場だった。

「木曽海道六拾九次之内　軽井沢」は、夕日が沈んですっかり暗くなった街道風景を描いている。風呂敷包を背負った旅人が、たき火を利用して煙管《きせる》に火をつけようとしている。馬上の旅人は、馬子から自分の煙管に火を移してもらおうとしているようだ。その背中に哀愁が漂う。

本稿では、江戸時代の男性の旅装束について見てみよう。

現代と同じく、江戸時代の人々も旅行する時はガイドブックを読んでいた。文化7（1810）年に出版された八隅蘆菴《やすみろあん》による『旅行用心集』だ。著者の長い旅の経験に基づいた心得をまとめたもので、それまでの道中記にあった実用知識の集大成ともいえる。

同書も含めたどの道中案内書も「普段から着慣れたものを身に着けよ」「不相応に見栄を張ればゴマノハエ（旅人を装い、客の金品をかすめ取る者たち）の格好の餌食になる」と教えている。

旅の服装は、菅笠《すげがさ》、手甲、脚絆《きゃはん》、足袋、草鞋《わらじ》が基本であった。菅笠はいわゆる帽子で、スゲの葉で編んだもの。本図の旅人らもかぶっており、雨や雪、直射日光を防ぐために用いられた。

手甲は汚れ、外傷、寒さ、直射日光から肌や身体を守るために、上腕から手首や手の甲まで覆うように装着する革や布でできた装身具。画面手前の旅人が、青い手甲を身に着けている。脚絆はすねを保護し、下肢を締め付けてうっ血を防ぎ、足の疲労を軽減するなどの目的があった。

『旅行用心集』に「草鞋の加減等を能試《よくこころみ》、其二、三日が間は所々にて度々休、足の痛ぬやうにすべし」とあるように、ひたすら歩き続ける旅行では、草鞋は何よりも大事なものであった。

草鞋はイナワラで編まれる日本の伝統的な履物。鼻緒のみの草履と比べると足に密着するため、山歩きや長時間の歩行には適していた。そんな草鞋も3日に1足は履きつぶしてしまったようで、何足も用意がなければ旅はできなかった。

ちなみに、馬に乗った旅人が羽織るのは引廻し合羽。坊主合羽、丸合羽ともいう。寒さや雨雪を防ぐための道中着で、ぐるりと身体を引き回して着るのでこの名がついた。

旅では動きやすく、寒さや暑さ、その他悪天候から、肌や身体を守るための服装を心がけるという意識は、今も昔も変わりないようだ。

静岡市東海道広重美術館蔵

街道のファッション

No. 3

女性の旅

（東海道五拾三次之内　原　朝之冨士）

原は東海道13番目の宿場。東海道で富士山が最も近い場所に位置し、大変美しく見えたところだ。

「保永堂版東海道　原」では、富士山の山頂が枠からはみ出ている。富士山の高さと大きさを誇張した表現であろう。広重によるこういった手法は天保13（１８４２）年の「東海道五十三次之内」（通称・行書版東海道）や、嘉永４（１８５１）年の「不二三十六景」にも見られる。富士山が日本人にとって偉大で神々しい存在であることは昔から変わらないようだ。

本図では立ち止まって富士山を見上げる物見遊山の母娘《おやこ》と、供の男性が描かれている。江戸時代、女性の旅は多くはなかったと見られるが、封建的父長制度が徹底される明治時代以降と比べると、比較的女性にも旅の自由があった。

浮世絵版画や名所図会の版本には、しばしば旅を楽しむ女性の姿が描かれている。嫁入り前に社寺参詣が推奨された風習があったのも、理由の一つとなっているようだ。

女性の道中着も一般的には菅笠《すげがさ》をかぶり、手甲と脚絆《きゃはん》をつけ、足袋に草鞋《わらじ》というスタイルであった。しかし、小袖の上に塵《ちり》除けの浴衣を羽織り、しごき帯で締めていたのが男性との違いである。

画中の母娘は塵除けに用いている八つ藤の浴衣や、赤いしごき帯がおそろいで可愛らしい。浴衣の濃藍に赤が映えており、旅の装いといえど、おしゃれには気を使っていたのだろうか。

女性のみの旅に危険がはらむのはいつの時代も変わりなく、当時は供をつけるのが基本であった。

本図の供は、母娘の旅行荷物などを入れた挟箱《はさみばこ》を天秤《てんびん》の両端に掛けている。一般的な男性の旅の道中着と大きくは変わらず、脚絆に草履を履く。

彼が履いているのは上部を紐、背部をコハゼがけで留める江戸脚絆。羽織っている半纏《はんてん》は広重の「ヒロ」を組み合わせた模様で染められており、絵師・広重の宣伝をして歩いているようだ。

静岡市東海道広重美術館蔵

街道のファッション

No.4

色とりどりの文様

（東海道　十七　五十三次　由井）

「隷書版東海道　由井」は、駿河湾に施された藍色のグラデーションが大変に美しい。しかし、ここでは画面右手前の女性たちが身に着ける着物の文様に注目したい。文様は、左から麻の葉、縞《しま》、市松模様である。

麻の葉模様は日本独自のもので、正六角形を基本とした幾何学模様だ。古くは平安時代の仏像や、鎌倉・室町時代の繍仏《しゅうぶつ》の中に見られた。着物に限らず帯や襦袢《じゅばん》、袋小物に頻繁に用いられていた。

文化・寛政年間に歌舞伎役者の岩井半四郎や嵐璃寛が、麻の葉文様の衣装をつけたことで大流行。それ以来、麻の葉文様の着物と黒繻子の帯の組み合わせは、若い娘の代表的なスタイルとなった。

縞模様は16世紀中頃から日明貿易や南蛮貿易により、中国南部やインド、東南アジア産の縞柄の絹織物や綿織物が渡来した。間道や甲比丹《かぴたん》、島木綿等と呼ばれていたが、やがて「島」に「縞」の字を当てるようになったといわれている。

江戸時代前期に流行していた縞模様は横縞であり、縦縞は遊女の小袖に見られる程度であった。しかし江戸時代も半ばを過ぎると、大名縞、子持縞、滝縞、よろけ縞などの縦縞が愛好されるようになった。すらりとした細身で腰高の着装が好まれるようになったためと考えられる。

現在でもよく知られる文様の1つ、市松模様は歌舞伎から生まれた。由来は、若衆形や女形として活躍した初代佐野川市松。彼が紺と白の碁盤の目の柄を用いたことによる。これは本来、「石畳」や「敷瓦」と呼ばれていたが、彼の人気にあやかって市松模様と呼ばれるようになった。

歌舞伎から発信された流行はとても多く、これらは上方よりも江戸を中心に展開した。市松模様は、浮世絵師では特に歌川国芳が美人画を描く際に多く用いた。さながらギンガムチェックのような模様は、現代人の感覚にも適うものだろう。

江戸時代中期末には、寛政・天保の改革が施行され、衣服に対しても厳しい奢侈《しゃし》禁令が出された。これによって、上方とは異なる江戸独自の粋な着物文化が創り上げられたのだ。本図の着物はいずれもシックで落ち着いた色合いであるが、粋な文化を表したものだった。

静岡市東海道広重美術館蔵

街道のファッション

No.5

飯盛女《めしもりおんな》と留女《とめおんな》

（岐阻街道　深谷之駅／
東海道五拾三次之内　御油　旅人留女）

たくさんの人でにぎわった宿場は、飯盛女《めしもりおんな》も多かった。

飯盛女とは旅籠《はたご》屋において、客に給仕すると共に売春もした女性たちのことを指す。江戸時代、遊郭としての公認されていたのは吉原のみであったが、公用の人馬を提供する任務がある宿場には、遊女を置くことが許されていた。

しかし万治2（1659）年、宿場に遊女を置くことが禁止されると、本来は給仕の下女であった女性たちが春をひさぐようにもなる。

公娼以外は認めない幕府によって度々禁令が出されるが、宿場の衰退は幕府の宿駅制度を危うくする可能性もあり、飯盛女を黙認せざるを得なかった。実際に何人もの飯盛女が旅籠屋に雇われ、宿場によっては遊郭のような様相を呈することもあったという。

「岐阻街道　深谷之駅」に描かれた深谷宿は農業や養蚕業、江戸との商業も盛んであり、繁栄した宿場である。旅籠屋は遊郭のような造りで、格子越しに赤い着物を着た女性たちが、さながら女郎のように座っている。

画中でそぞろ歩くのが飯盛女と呼ばれた女性たち。それぞれ異なる文様の着物を身に付けているが、皆落ち着いた色合いである。幕府が飯盛女を黙認する条件として、華美な服装を禁じ、木綿以下の質素なものの着用を言い渡したからだ。とはいっても帯の模様などは具《つぶさ》であり、精いっぱい着飾ろうという彼女たちの意思を感じさせる。

ユーモアのある人物描写で広く知られる「保永堂版東海道　御油」では、留女《とめおんな》が仕事の真っ最中だ。宿場の繁栄は旅人らを止める飯盛女たちにかかっており、彼女らは留女となって、力づくで旅人を旅籠へと引き込んだ。

彼女らもまた質素な着物だが、前掛けを身につけている。現代のエプロンと同じく、汚れを防ぐためのものだろう。留女は飯盛女の役割を兼ねる場合もあったようだが、本図の留女たちは給仕に専念する者のように思われる。

明治5（1872）年、ペルー船籍のマリア・ルス号事件※が発生する。ここでペルー側から日本にも娼妓という奴隷がいると指摘されたことを受け、政府は急きょ、「娼妓解放令」を布告する。これによって飯盛女たちも解放されたが、労働の場の提供や救済措置が十分ではなく、本人が希望すれば再公認してもよいということになった。娼妓解放令は外国に向けたいわばポーズのようなものであり、その内実は江戸時代の公娼制を踏襲したままであった。

※横浜港に停泊中であった同船内の清国人苦力を奴隷であるとして日本政府が解放した事件

静岡市東海道広重美術館蔵

街道のファッション

No.6

男性の粋な着こなし

（双筆五十三次　沼津）

沼津宿とその一帯、そして大きく富士山が描かれたコマ絵を背景に、男女が前面に描かれている。

　この2人は浄瑠璃や歌舞伎で上演される「伊賀越道中双六」の登場人物で、生き別れた実の兄妹だ。小袖姿の男性は、肩に手拭いをかけ、何とも粋ないでたちである。

　江戸時代後期は幕府が派手な服装を禁じていたこともあり、目立たない柄が流行した。

　男性が着物に用いる色も茶色や鼠《ねずみ》色、藍色などに限定されていた。そのような状況下、彼らは、同じ色でも濃淡によって差をつけたり、一見地味でも手の込んだ柄などを編み出し、規制の中でさまざまな着こなしを楽しんでいた。

　本図の男性の着物は薄い灰色の地に薄墨と白、やや青みを帯びた緑で格子が表されている。粋な着こなしともいえるのが長襦袢《ながじゅばん》だ。着物の落ち着いた色合いの中に、赤い長襦袢が映える。襟元や袖口からちらりと見えるのが色っぽい。こういったところで江戸時代の男性は服飾を楽しんでいたのだろう。

　男性が結っているのは銀杏髷《いちょうまげ》。当時、最もポピュラーな髪型であった。『守貞謾稿《もりさだまんこう》』には「三都とも市民の髷に銀杏髷と云ふもの多し」とあり、流行ではなく定番の髪型だったと考えられている。額から後頭部を剃って月代《さかやき》を作り、髻《もとどり》を作って頭頂部に向けて折り返し、その先を銀杏の葉のように広げたものと定義づけられるが、広げないものも多い。本図は広げないタイプのようだ。男性にとっては、月代を綺麗に剃ることが身だしなみの1つであった。

　今や時代劇などで多く見かける髪型であるが、実際結われていたのは江戸時代中期～後期である。日本全体の歴史から見ると、そこまで長期ではない。

　幕末に洋式軍制の導入が始まって以来、髷を結わない散髪する風潮も見られるようになった。明治4（1871）年には断髪令が出されたことにより、男性の髪型は自由になった。

　同6（1873）年に明治天皇が断髪してからはさらに普及し、同20（1887）年頃には人口の約98％が断髪したとされ、民衆の髷への関心はだんだんと薄れていったようだ。

静岡市東海道広重美術館蔵

街道のファッション

No.7

女性の髪型と化粧

（双筆五十三次　日本橋）

「双筆五十三次」は幕末の安政元（１８５５）年から安政４（１８５８）年にかけて出版された揃物で、三代歌川豊国（歌川国貞）と広重の合作である。三代豊国が人物を、広重が背景のコマに描かれた各宿場の風景を手掛けた。

「双筆五十三次　日本橋」に描かれている町娘に注目して、当時の女性の髪型や化粧について見ていこう。娘の髪型は島田髷《しまだまげ》。前髪と髱《たぼ》を突き出させて、髷を前後に長く大きく結ったもので、未婚女性の代表的な様式であった。

簪《かんざし》や櫛《くし》などの髪飾りは江戸時代に入って髷が結われるようになってから発達していったとされる。櫛には四季の草花や風景、吉祥模様、物語の一場面などが描かれ、その技の精巧さも相まって身につける女性を喜ばせた。

向かって左側につけている簪は花簪。本図のものがどうかはわかりかねるが、１７００年代は先端に耳かきがついている簪が多かった。これは耳かきという実用品にして、ぜいたく品の取り締まりから逃れるためだったともいわれている。

続いて化粧について。江戸時代の化粧は現代から見れば非常にシンプルなもので、白・赤・黒の三色で作り上げることができた。白は白粉《おしろい》、赤は口紅や頬紅、爪紅、黒はお歯黒、眉化粧に使われた。

当時の女性たちが最も化粧で気を使っていたのが白粉。色の白さは若さを表現し、日に当たって労働することのない上流階級という地位や身分を示すものでもあった。「色の白いは七難隠す」という言葉があるように、肌が白いというだけで美しく見えるものだ。江戸時代の白粉は、鉛で作られた鉛白粉、水銀で作られた白粉の二種類があった。

口紅等に使用された紅は、主に紅花から作られ、皿や猪口《ちょこ》に塗られて市販されていた。紅花からの抽出量が少ないこともあり、高価な紅を普段から使えるのは身分の高い遊女などであった。

我が国特有の化粧ともいえるお歯黒は、黒が他の色に染まらないことから貞女の印とされ、これによって女性の年齢や職業、未婚か既婚かなどを見分けられた。黒の化粧のもう一つが眉化粧。江戸時代、庶民は子どもが生まれると眉を剃った。

開国以降、お歯黒と眉化粧は外国人の目に奇異に映ったこともあり、明治３（１８７０）年に太政官布告、その３年後に昭憲皇太后が率先してやめたのを機に、徐々に一般の女性たちもやめるようになった。

静岡市東海道広重美術館蔵

街道のファッション

No.8

顔隠しの被衣《かづき》

（東海道　五十五　五十三次　大尾　京）

「隷書版東海道　京」は三条大橋を舞台にして描かれている。

橋の上にはさまざまな身分、境遇の人々が行き交っている。左から商人の母娘、行商に来た大原女、茶筅《ちゃせん》売り、そして右側には武家の一家が見える。ここではこの一家の前方を歩く娘2人に注目しよう。

彼女らが頭上からかぶって着用するのは「被衣《かづき》」という着物である。国を問わず、女性には古くから衣服等で顔を隠す習慣が存在した。日本では平安時代から鎌倉時代にかけて、素顔で外出しない風習があった。これは被衣の起源といえる。

当初は袿《うちき》（公家装束の一種）が通例だったが、室町時代になると小袖をかぶる「小袖かづき」が一般的となる。同時期に小袖型の服飾が成熟したことも相まって、やがて固有の服飾文化としての被衣が確立するようになる。当初は身分の高い女性が身に着けていたが、16世紀後半には一般の上流階級の外出着ともなった。

画中で女性たちが着ているのは御所被衣と呼ばれるもの。腰の部分が白く、幾何学模様が特徴だ。布地は麻や絹で仕立てられていた。

江戸時代前中期にかけて活躍した浮世絵師・西川祐信《にしかわすけのぶ》はその作品に多彩な被衣を描き出し、デザインの展開を考察する上で重要な資料となっている。祐信が数多くの被衣を描いたのは、彼が京で活躍した絵師であることが大きいと考えられている。

被衣は江戸では明暦年間（1655～1658）には用いられなくなったものの、京では安永期頃（1772～1781）までは用いられていたようだ。

東海道を描いた浮世絵として著名な保永堂版、行書版、そして本図の隷書版ではいずれも、京のみに被衣をかぶった女性が描かれている。広重には「被衣＝京の文化」という認識があったのだろうか。

慶安4（1651）年、浪人がこの被衣姿で老中を暗殺しようとした由井正雪の乱以降、宮中以外の女性の被り物は禁止された。これにより、結髪や髪飾りが発達したともいえる。以後この被衣姿は、御所風俗と上流階級の婚礼や葬儀にのみ残された。

余談であるが、現在も花嫁衣裳に用いられる角隠しは、婚礼の際に白の小袖をかぶっていたことがその由来となっている。

静岡市東海道広重美術館蔵

街道のファッション

No.9

流浪の虚無僧

（岐岨街道　鴻巣　吹上冨士遠望）

広々とした関東平野から富士山の姿が見える「岐岨街道　鴻巣」。本図は間の宿・吹上村から熊谷に向かって出発した辺りを描いている。

榎《えのき》が植えられた蛇行する街道では旅人らが行き交う。中でもひときわ目立つのが、画面手前の白装束の人物だろう。虚無僧《こむそう》と呼ばれる者である。

彼らは普化宗の有髪の僧で、天蓋《てんがい》という筒型の深編笠を被り、尺八を吹いて米や銭を乞いながら諸国を行脚、修行していた。

鎌倉時代、中国普化宗の流れを汲む日本の天外明普が虚無宗を開き、京都白川で門弟を教導し、尺八吹奏による禅を鼓吹したのに始まる。世は虚仮《こけ》で実体がないと知り、心を虚しくすることからその名があるという。

本図の僧は白い木綿の小袖に平絎帯《ひらぐけ》を締め、脚絆《きゃはん》を巻き、白い足袋に草鞋《わらじ》を履いているが、小袖は紺や黒の場合もあった。尺八は茶の袋に入れて腰に差し、唐草模様の風呂敷に包んだ柳行李を背負っている。

慶長19（1614）年に成立した『慶長掟書《けいちょうじょうしょ》』には「武者修行の宗門と心得て全国を自由に往来することが徳川家康により許された」との記述がある。

罪を犯した武士が普化宗の僧となれば、刑を免れ保護された。江戸時代中期以降には、遊蕩《ゆうとう》無頼の徒が虚無僧姿になって横行するようになり、幕府は彼らを規制するようになった。顔が見えないことをいいことに、仇討や仕官目当ての浪人や無頼漢なども多く、さまざまな事件があったことも事実である。

江戸時代はあらゆる事情で地域から疎外され、放浪を余儀なくされた人々がいた。当時の旅の発展は、このような地域で暮らせなくなった者が、物乞いをしながらでも旅人として生きる選択肢を作った。彼らは文化・情報の伝道師ともいえる存在であった。

明治4（1871）年、政府は幕府との関係が深い普化宗を廃止する太政官布告を出し、虚無僧は僧侶の資格を失い、民籍に編入された。しかし、明治21（1888）年に京都東福寺の塔頭の一つ善慧院を明暗寺として明暗教会が設立され、その後、虚無僧行脚が復活した。

静岡市東海道広重美術館蔵

街道のファッション

No.10

寒さをしのぐために

（東海道五拾三次之内　蒲原　夜之雪）

「保永堂版東海道　蒲原」は夜の雪景色が情感豊かに描かれる。夜空、雪、切り通し、沿道の家々、山々などを白と黒で表現し、水墨画のような幽玄さを思わせる。雪をかぶった旅人たちの背中も、本図を一層叙情的なものに仕上げている。

蒲原は現在の静岡県静岡市に位置する比較的温暖な地域だ。14世紀半ばから19世紀半ばの約500年間、地球は小氷期という、やや氷河期に近い時代だった。しかし、蒲原で実際にこれほどまで雪が降っていたのかは疑問が残る。絵師の心象風景を描いた作品ともいえよう。

本稿では冬の気候に関連して、寒さをしのぐ江戸時代の衣服について見ていこう。

本図に描かれた人々は合羽や蓑《みの》を着ることで寒さをしのいでいる。傘を半開きにしている村人は菅笠《すげがさ》をかぶり合羽を着て、下駄を履き、坂を下る。合羽は塵《ちり》除けにも使われたが、防寒の役割も担っていた。傘が広く一般に使われたのは分業が行われるようになった江戸時代中期以降で、それまでは上流階級のみが持つものであった。

一方、坂を上るのは菅笠に合羽を着て、小田原提灯《ちょうちん》を持った旅人と、同じく菅笠と蓑を纏《まと》った農夫である。

蓑はワラやスゲを編んで作られた雨具の一種。ワラにははっ水性があるため、水が繊維に沿って流れ落ち、内部には染み込まないという原理を利用している。防水や保湿・保温には優れているが、火気には弱いという欠点も持つ。

本図には描かれていないが、江戸時代の他の防寒着を紹介しよう。

まずはどてら。これは温かい部屋着として活用された。どてらは着物より一回り大きなサイズで全体に綿が入っている。他にも綿を入れて防寒用にした半纏《はんてん》や、甚兵衛などといった袖のない羽織も冬の部屋着として活用した。

外出時は、防水加工された紙や木綿でできた半合羽や、裏地付きであった袷羽織が日常用の防寒着として用いられていた。種々の浮世絵版画の美人画や役者絵では、色とりどりの袷羽織を身に着けた人々が描かれる。

頭部の防寒には手拭いも使われていた。江戸時代、手拭いはそれまでの麻素材に代わって木綿素材のものが登場し、広く普及するようになる。防寒の他、雨具の一種として、また日除けや防塵のためのかぶりものとして広く人々に使われた。

現代よりもずっと寒かった江戸時代、人々は工夫をこらして何とか寒さをしのいでいたのだ。

おわりに

最近の社会科教育においては国際問題の比重も高まり、歴史関係、取り分け江戸期の街道管理や宿場生活について十分な時間を割けない状況になってきました。また、遺構や生活用品も徐々に減少していることもあり、不十分な、あるいは間違った伝承が増えており問題となっています。

たとえば、現在も各地に伝馬町という地名が残っていますが、その地が人馬継立の重要拠点で、正に宿駅中心部であったことを知る人は少ない状況です。また、現在は諸外国でも開催されるほどの人気スポーツ「駅伝」の名が宿駅伝馬制から派生したものであり、「宿駅毎に人足と伝馬を交代して、旅人を目的地まで送り届けた街道制度」になぞらえて命名されたことは、ほとんど知られていません。駅伝を楽しむ以上、本家・本元である我が国においては、宿駅伝馬制を正しく理解し、後世にも正確に伝えることが望まれます。

宿場町には伝馬役所ともいうべき問屋場跡があり、各地に「といやば跡」等の案内を見かけます。ところが、江戸時代は「といやば」と呼び、現在も教科書や辞書は「といやば」と記載しているにも拘わらず、最近の宿場案内には「とんやば」とフリガナするものが増えています。幕末生まれの、いわゆる「現在の問屋（とんや）業務」と混同しているものと思われます。そのような不正確なパンフレット等が出始めたことは、一部とはいうものの、誤った伝承であり由々しき問題です。

重要史実はあくまでも正確な伝承が必要です。そのため本書では、東海道は「京までの五十三次」の他、「大坂までの五十七次」が併存したことにも触れ、今後の街道史伝承に一石を投じました。

最後に本書出版にあたり静岡新聞社出版部の部長・庄田達哉様と鈴木淳博様に大変お世話になったことに深く感謝申し上げ、また写真等を提供いただいた沿線各地の自治体、資料館、企業等の皆様にも改めて御礼申し上げて、締めくくりと致します。

令和元年　六月

志田　威

【参考文献】

吉川圭三『国史大辞典』吉川弘文館 平成3年
江戸幕府『東海道宿村大概帳』
江戸幕府『東海道分間延絵図』
中津川・恵那広域行政推進協議会『ひがし美濃発　道中見聞食　五平餅味栗毛』２００４年
大森信・志田喜代江編著『さくらえび　漁業百年史』静岡新聞社 １９９５年
十返舎一九（作）・麻生磯次（校注）『東海道中膝栗毛（上）』岩波書店 １９７３年
金沢康隆『江戸結髪史』青蛙房 １９６１年
橋本澄子・高橋雅夫『浮世絵に見る江戸の暮らし』河出書房新社 １９８８年
近世文化研究会編『図説　浮世絵に見る色と模様』河出書房新社 １９９５年
堀晃明『―天保懐宝道中図で辿る―広重の東海道五拾三次旅景色』人文社 １９９７年
宇佐美ミサ子『宿場と飯盛女』同成社 ２０００年
佐藤要人監修『図説　浮世絵に見る江戸の旅』銀河社 ２０００年
堀晃明『―天保国絵図で辿る―広重・英泉の木曽街道六拾九次旅景色』人文社 ２００１年
渡辺信一郎『江戸の化粧　川柳で知る女の文化』平凡社 ２００２年
竹内誠『図説江戸４　江戸庶民の衣食住』学習研究社 ２００３年
丸山伸彦『日本ビジュアル生活史　江戸のきものと衣食住』小学館 ２００７年
村田孝子『大江戸カルチャーブックス　江戸三〇〇年の女性美　化粧と髪型』青幻舎 ２００７年
河上繁樹『大江戸カルチャーブックス　江戸のダンディズム・男の美学』青幻舎 ２００７年
丸山伸彦『江戸モードの誕生―文様の流行とスター絵師』角川学芸出版 ２００８年
菊地ひと美『江戸衣装図鑑』東京堂出版 ２０１１年
早坂伊織『ビジュアル版　男のきもの大全』草思社 ２０１１年
中江克己『お江戸の意外な生活事情　衣食住から商売・教育・遊びまで』ＰＨＰ研究所 ２０１１年

町田市立国際版画美術館監修『謎解き浮世絵叢書　三代豊国・初代広重　双筆五十三次』二玄社 ２０１１年
剣菱酒造株式会社　http://www.kenbishi.co.jp/
日本大百科全書
元祖　丁子屋　https://www.chojiya.info/
株式会社ういろう　http://www.uirou.co.jp/
春埜製菓　http://www.haruno.com/
熊谷市役所　https://www.city.kumagaya.lg.jp/
川上屋　http://www.kawakamiya.co.jp/
すや　https://www.suya-honke.co.jp/
お菓子処うばがもちや　http://www.ubagamochiya.jp/
静岡市東海道広重美術館　http://tokaido-hiroshige.jp/
中山道広重美術館　https://hiroshige-ena.jp/

※第2部1章「田沼意次」に関する執筆には以下の方々、並びに関係部署から多大のご協力をいただきました。
　厚く御礼を申し上げます。
河原崎陸雄氏（郷土史家）
長谷川倫和氏（牧之原市学芸員）
牧之原市
牧之原市教育委員会
中村肇・川原崎淑雄『シリーズ藩物語「相良藩」』現代書館 ２０１５年
牧之原市教育委員会『相良藩主 田沼意次』２０１３年
牧之原市教育委員会『社会科資料 歴史人物副読本「牧之原市の偉人」』２０１５年
牧之原市教育委員会『牧之原市の文化財』２０１２年

【著者略歴】

新田 時也（にった ときや）

1964（昭和39）年生まれ。東京学芸大学卒（教育学）、亜細亜大学より修士（経済学）、静岡大学より博士（工学）。明治大学附属中野高校数学科の非常勤講師などを経て、1998年から東海大学に勤務。現在、熊本キャンパス准教授。「食」の文化と経済学研究室。専門は観光経済学。著書に「くまもと地域づくり事例18選」（熊本日日新聞社）など。

志田 威（しだ たけし）

1943（昭和18）年生まれ。1967年、東京大学経済学部卒業後、日本国有鉄道入社。1987年に東海旅客鉄道（JR東海）経営管理室長以降、取締役総務部長、常務取締役、本社専務取締役、ジェイアール東海不動産社長などを歴任。現在は「東海道町民生活歴史館」館主兼館長、（財）恵那市観光協会「恵那観光大使」。（社会福祉法人）中部盲導犬協会評議員会委員長。著書に「東海道57次」（ウェッジ）、「東海道五十七次の魅力と見所」（交通新聞社）など。

中澤 麻衣（なかざわ まい）

1992（平成4）年生まれ。学習院大学大学院人文科学研究科修了。2018年から中山道広重美術館学芸員。専門は日本絵画史、特に幕末・近代の浮世絵美人画。

東海道・中山道
旅と暮らし

2019 年 6 月 28 日　第 1 刷発行

編著者　新田時也
著　者　志田威　中澤麻衣

装　丁　稲葉徹（販売促進研究所）

ＤＴＰ　杉山三千男（エスツーワークス）

発行者　大石剛
発行所　静岡新聞社
〒 422-8033　静岡市駿河区登呂 3-1-1　電話 054（284）1666

印刷・製本　図書印刷株式会社

ISBN 978-4-7838-1091-9 C0039

乱丁・落丁本はお取り替えいたします
定価はカバーに表示してあります